地域研究から自分学へ

高谷好一

学術選書 008

京都大学学術出版会

KYOTO UNIVERSITY PRESS

口絵1● 1970年代のセンターには東南アジアから多くの研究者が来ていた．どうしたわけか，タイの学者，とりわけ農学関係の学者が多かった．彼等の関心の中心は米の増収だった．そんな彼等を私達はよく日本の農村につれて行った．写真は農村で彼等に説明する私．(25頁参照)

口絵2●マスマトラには日本でなら考えられないような稲作がある．写真は鼠を避けるために棚の上に作られた苗代．技術面で変っているだけでなく，稲作りに対する意識も変っている．例えば，何年かに一度しか稲作りをしないような人も多くいる．変った稲作と不思議な生き方を見たことが，私にとっては地域研究への開眼の第一歩だった．(35頁参照)

まえがき

私は二つの研究をやった。地域研究と自分学である。前者は京都大学にいた三〇年間の間に、後者は滋賀県立大学に移ってからの一〇年ほどの間にやったものである。この本ではここでいっている地域研究と自分学とはどういうものなのかについて書いてみたい。また、何故、自分が地域研究から自分学へ移行していったのか、そのことについても書いてみたい。

地域研究は新しい学問である。一九六〇年代に入って始まった。新しいといっても四〇年の歴史があるのだが、実のところをいうと、この学問の研究内容はまだ定まっていない。ふつうは一つの地域を多面的、総合的に調べる学問ということになっているのだが、これだけではもう一つ釈然としない。地域の多面的、総合的な研究という点では地理学や文化人類学もそうだからである。この二つの古い学問とどこが違うかというと、地域研究は主義、主張の学問である、と私自身は考えている。地域はどうあらねばならないか、どういう地球世界が望ましいのか、こういうことを考え、自分で出した結論を主張する。主張するのであるから、いざというときには踏み絵をしなければならないこともある。学術的であるが、どちらかというと没価値的になり易い地理学や文化人類学と比べると、地域研究はこの点が違うのだ、と私は考えている。

さて、一九六〇年代に始まった地域研究は全国に先駆けて京都大学で本格的に始まった。京都大学には東南アジア研究センターが設置され、東南アジアを対象とした研究が組織的に始まったのである。幸いなことに、私は一九六六年にはこの研究センターに入ることになったから、地域研究は、いわばその最初から見てきている訳である。この本では、この学問が黎明期からどのようにして成長していったのかを書いてみたい。新しい学問が始まったのだから最初は文字通り試行錯誤の連続だった。そこから少しずつ独自の方法論を開発していったのだった。それはいわゆる学際的研究の仕組みの開発ということであった。一面しか知らない専門家を糾合して、いかに全体が見える仕組みを作り出すのか、それが最大の問題であった。

もっとも、私自身は学際的研究というのは個人でもできるように準備しておかなければならないと考えていた。だから、その方向で頑張った。最初、私は地質学から出発したが、農学や社会学、歴史学の分野のことも同僚から教わり、少しはその方面のことも分かるようになった。こうして、三〇年間、研究センターにいて、私自身が到達したのは〈世界単位〉であった。

〈世界単位〉というのは国家にかわる新しい地域単位のことである。これは生態的にも、文化的にも、歴史的にもしっかりと纏まった一つの地域で、そこでは住民たちが、これこそ自分たちの地域だと感じあっている、あるいは住民たちがそこを愛し、それに誇りを持っている、そういう地域的な範囲のことである。それを私は〈世界単位〉と命名した。私はこういう地域単位を提唱し、それで世界を区分してみた。これが私自身の行った地域研究の最後の仕事であった。

二部構成にしているこの本の第I部はこの地域研究の歴史を、私自身を中心に書いている。三つの章からなっているが、次のようなものである。第1章 地域研究の曙、第2章 地域研究の深化、第3章世界研究への傾斜、である。

一九九六年四月、私は開学したばかりの滋賀県立大学に転出した。転出の直接の理由は故郷にいた父親が弱ってきたからである。ところがここで大きな問題が起こった。お願いして、地域研究論という科目を作ってもらった県立大学だったのだが、いざ教壇に立つという段になって、ハタと困ってしまった。私はそれまで、「地域は大切である。何故なら住民は皆それを愛し、それに誇りを持っているからだ」と主張してきた。〈世界単位〉の根幹的な考え方である。滋賀の住人である私は当然、滋賀を愛し、滋賀に誇りを持っていなければならない。しかし、恥ずかしいことながら、授業を始めるという段になって、はじめて私は自分が滋賀を愛していないことに気がついた。故郷に誇りを持っていない。私の今までの地域研究は嘘だったのだろうか。私は詐欺師のようなことをやっていたのだろうか。

私の自分学はこのときから始まった。地域を研究対象として見ていたときには何でも勝手なことが言えた。しかし、自分がそこに住むようになってしまうと、そういう訳にはいかない。「皆さん、地域を愛しましょう。誇りを持ちましょう。何故なら世界中のみんながそうして暮らしているのだし、本来、地域というのはそうして成り立っているのですから」なんて言ったとしよう。私の故郷の人たちはきっと言うに違いない。「よく白々しいことが言えるものやな。自分はどうなってるのや」故郷の人は私の日頃の生活を皆知っているからそういうに違いない。

私はどうすればよいのだ。三〇年かかってやってきた地域研究が嘘ではなかった、と言い切るためには、私自身がまず変わらねばならない。この自己改造、それを私は自分学といっているのである。自分学はだから、研究というより、自分の今までの研究に対する責任をとるための自己研鑽である。

第II部はこの自分学のことを書いているが、これも三つの章からなっている。それぞれ違った場所における自分学のことを書いている。第4章は県立大学で学生たちといっしょにやった自分学のことである。第5章は自分の故郷の守山市で何人かの仲間といっしょにやっているまちおこしのことである。第6章は自分がそこで生まれ、一〇年前にそこに帰った田舎の字、そこに住んでいる自分自身のことを述べている。ここにちゃんと住みおおせ、ここを愛せるようになれるか否かが、私にとっては最も大事なことであり、これが私の自分学の核心である。このことに関してはまだ私自身を改造中というところだが、それの中間報告を行っている。

こうして自分の半生のことを書いてみると、何だか私小説のようになってしまう。いわゆる学術研究書とはずいぶん違ったものになってしまいそうである。でも、私自身はこれも学術書の一つだと考えている。一生懸命にやった研究の過程を振り返ってみればこんなことになってしまったということを書くのも研究の一部ではないかと思うのである。

地域研究から自分学へ◉目　次

第II部　地域と自分

地域研究から自分学へ

第I部

地域と世界

第1章　地域研究の曙

1　地域研究とは

エリアスタディの導入

地域研究とは何か。簡単にいってしまうと、これは、一つの地域をまるごと捉える研究である。しかも、ふつうは外国の地域の研究である。地域研究は現在、日本でも定着し、多くの人たちがこれを専門としているが、もともとはアメリカから入ってきたものである。アメリカでは太平洋戦争の頃からエリアスタディというのが盛んに行われていて、これが戦後日本にも導入されて地域研究という訳語で定着したのである。

アメリカではこのエリアスタディはベトナム戦争のときには大変重要視された。敵国の情報を細大漏らさず収集し、戦局を有利に導いていく。勝った後にはどのようにして民衆を治めるのか、そのために人々の風習や思考パタンを研究しておく。こういうことでベトナムという地域の全体を捉えるために行われたのが、ベトナムに対するエリアスタディだったのである。

考えてみれば、この種の研究手法はもっと昔からあった。名著といわれるルース・ベネディクトの『菊と刀』はまさにそういうものである。ベネディクトは日本人が行うよりも鋭く日本人の特質をえぐり出した。この書も日本統治のために行われた研究の副産物だという。

この種の研究は本当はもっともっと前からあった。だいたいが、地理学というものはこういう要請があって出てきたのである。植民地経営をスムーズかつ能率よく行うためにイギリスが開発した研究方法、それがイギリス地理学なのだといわれている。

話はずっと後のことになるが、一九八〇年頃だったと思う。地理学会が「最近の地理学は何故人気がないのか?」といったことをテーマにシンポジウムを開いたことがある。地域研究とはどんなものかを知るうえで参考になると思うので、そのときのことを紹介しておこう。私は地理学会員ではなかったのだが、招かれてその会場に出かけた。地理学に比べると人気上昇中の地域研究だったのだが、その現状を報告してほしい、というのが依頼だった。私の方からは通り一遍の報告をしたのだが、面白かったのは、地理学者たちが自ら行っていた分析だった。「地理学は学問になってしまったから人気がなくなったのだ」というのが結論だった。

こういうことである。地理学は明治時代には素晴らしい展開を遂げた。維新がなって、はじめて日本国というものが作られたとき、時の政府が何よりも重要と考えたのは、「日本とは何か」「日本人とは何か」を国民に知らしめることであった。そして、その役目を引き受けたのが後に地理学者と呼ばれることになる人たちだった。彼等は与えられた課題に遮二無二とり組んだ。少々は荒っぽくともよい。とにかく本質を外さずに、人が納得するような答を出す必要がある。それをやったのである。一方、政府の方は、その答を国民に衆知させるべく、地理学教育を組織的に展開した。地理を必須の授業科目にし、それを教える教員を大量に作った。地理学は国の最重要課題にしっかりとくっついて大展開したのである。

ところが、こうして手厚い保護が与えられると地理学の肥満化、脆弱化が始まった。地理学者たちの中から高踏的な地理学の研究者が現れ、彼等が地理学の主導権を握るようになった。有能な地理学者は専門的であらねばならないというふうな風潮が出てき、多くの人たちがこちらの方に向いてしまった。この結果、全体を見れる人がいなくなってしまった。そして現実にこんなことが起った。例えば、昭和三〇年代のあの経済ブームのとき、人々が「このブームは日本の将来にどういう影響を与えるのか」について質問を発してきた。本来ならば、この種の質問に対しては地理学者が答えるべきであった。荒っぽくてもよいから、ズバリ本質をついた答を出すべきだった。しかし、そうした答は誰一人出せなかった。誰もが、何々理論に従うと、こういうことが言えるのだが、現実には何が起るか分らない、理論と実際は違うから、といった発言しかしなかった。こういうことが繰り返されて、地理学は結局は役に立たない学問ということになってしまって、人気は急落していった。と、いうのがそのシンポジウムの分析であった。

こういう地理学に比べると、地域研究には迫力がある。知識があるとは言わないが、体当たりでぶつかっていって、とにかく遮二無二考えて、結論を出している。そこのところが人気の出ている最大の理由だ。と、いうのであった。

老大成し学問になってしまったのが地理学だとするなら、知識も経験も乏しいけれど、若さと馬力だけは持ち合わせている、それが地域研究だというのである。このことは当っていると私は思う。若いだけに野心に富み、時にはきな臭い仕事にも飛びついていく。それが地域研究だといってもよいかもしれない。

ベトナム戦争の手垢にまみれたエリアスタディ。それと直接関係のある研究方法が、太平洋戦争後の日本に入って来て、広がり出したのである。

京大風の地域研究

京都大学には人文科学研究所を中心とする支那学の伝統があった。これは歴史学であった。一方、これよりは若いが、FF（Fauna & Flora）と呼ばれた自然誌の研究の実績もあった。エリアスタディはこうした伝統や実績のあるところに導入されたのである。エリアスタディの導入にあたって最も大きな働きをされたのは、人文科学研究所におられた岩村忍先生であった。

岩村先生はモンゴル史の研究者だが、幅広い活動歴を持っておられた。カナダのモントリオール大学を卒業後、共同通信の記者になっておられる。サンフランシスコの講和条約の折にはその現場にも立ちあっておられる。こういう経歴から、世界の情勢に通じ、多くの外国人を友人にしておられた。この先生が、エリアスタディは新しい研究分野だということで、導入されたのである。具体的には、京都大学で新しく地域研究なるものをやりたいからシードマネーとして資金援助をしてほしい、とフォード財団にかけ合われ、合計三〇万ドルの援助を得て、組織作りと人作りをされたのである。これに賛同する教授が何人かいて、日本側でも六〇〇〇万円の募金を集めた。募金で集められたこのお金は自然科学系の研究に使おうという了解があったようである。

一九五九年、有志の教官たちが集まり、京都大学東南アジア研究委員会が立ち上げられた。この委員会の出した趣意書が学内で認められ、最終的には一九六五年、京都大学東南アジア研究センターが正式に学内の一部局になった。ところで、その最初期から京都大学の地域研究ははっきりとした特徴を持っていた。それは岩村先生が口癖のように言っておられた次の三つの点からなっていた。第一はフィールド重視、第二は自然科学を加えること、第三はコンテンポラリーな研究課題ということであった。以下にその要点を説明しておこう。

フィールド重視というのは文献による研究ではなく、現地に赴いて、直接自分の目で見、耳で聴いて、そこから事実を捉えてくる、また感じ取ってくるということである。今でこそこれは当たり前のことだが、当時だとずいぶん斬新なことであった。学問といえば、まだ外国の文献の翻訳が横行するような時代であった。先行研究を渉猟するよりも自分で一次資料を集める方が意味があるのだということは、まだあまり真剣に考えられていなかった。それに第一お金もなかった。外国の研究をするのなら、出かけて行って自分で調べて来ればよいなどといわれても、そんなお金が無かったのである。外国研究などは特に欧米先進国の研究者の研究を文献で追うというのが当たり前だった。そんなときに「現地へ行きなさい。お金は何とかしよう」といわれたのである。まるで夢のような話だった。

自然科学重視ということだが、こういうことである。岩村先生はアメリカのエリアスタディには一つの限界を感じておられた。アメリカのエリアスタディはいわゆる社会科学の延長であって、そこには一人の自然科学者もいなかった。御自身がモンゴルで調査をされた先生は本当にモンゴルやモンゴル社会を知るためには、気候学者や、土壌学者や植物学者や動物学者などの自然科学者と社会系、人

写真1●京都大学に地域研究の種子を蒔かれたのは岩村忍先生であった．地域研究はアメリカのエリアスタディをもとにした社会科学だが，それに自然科学を加えて，全く新しい学問に育てあげられたのが岩村先生だった．1959 年に有志の人達で始められた研究会は，1965 年には正式に京都大学東南アジア研究センターとなった．写真は定年退官パーティーで挨拶される先生と奥様．

文系の学者の共同研究が不可欠なことを痛感しておられた。自然科学者を加えれば、アメリカのエリアスタディを越える研究ができる。先生はこの点に関してはきわめてはっきりとした勝算を持っておられた。当時の文科系の学者としては珍しい方であった。私なども何回も先生から「自然科学者が頑張ってくれることが世界に飛び出す一番の早道です」といっていただいた。

次に、コンテンポラリーということだが、これは現代的な意味を考えて、研究を進めようということである。これは京都大学が伝統としてきた支那学の歴史学的研究とは明瞭な一線を画すものであった。東南アジアに見られる政治的混乱の分析やその背景の研究、東南アジアで農業生産を上げるにはどういうことを考えねばならないのか、宗教は現代生活の中でどういう位置を占めているのか、等々といったことが研究テーマであった。こうしたことを調べるために、政治学者や農学者、社会学者、文化人類学者たちが多く参画してきた。このコンテンポラリーということに関してはアメリカのエリアスタディと同じであった。

以上の三点は研究の内容にかかわる憲法の三ヵ条であった。ただ、このほかにもう二点、大きな特徴があった。その一つは、地域研究は政策研究ではない、という認識であった。アメリカのエリアスタディは、例えばベトナム戦争に役立つ研究という性格がきわめて強かった。日本の場合は全く違った。もちろん、戦争遂行のためというのはなかった。それでも東南アジア市場の獲得のための調査があればありがたい、というような状況は大いにあった。しかし、私たちの間では、そういう側面で政府や経済界に奉仕するような研究は一切やらないでおこうという合意があった。その意味では京大の地域研究はすぐれて純学問的なものであった。「こんなことも大学が東京にあったらやりにくいのだろうな」などといいながら、若手の間では繰り返し確認し合ったことだった。

もう一つ特記しておくべきことは、定員のついた正式の部局を作る、ということであった。これを最初から主張しておられたのも岩村先生だった。「研究を本格的にやろうとするならプロジェクト方式ではダメです。そのための独自の研究所を持たないとダメです」と、繰り返し言っておられた。アメリカのエリアスタディがダメなのは、そのための永続的な核がないからだ、というのである。研究者は皆それぞれの学部なり研究所なりに所属していて、特定の研究プロジェクトのために寄り集まって、そのときだけ協力して研究を進める。これがアメリカの方法だが、これだとほとんどの人は母屋に帰属意識を持ってしまい、プロジェクトに本当に責任を持つ人はいなくなる。これではダメだというのである。それに、プロジェクトだと経済的な好不況がモロに影響してしまい、不況時に研究は決定的な打撃を受ける。こういうことでは本腰を据えた研究はできない、というのである。地域研究という新しい学問を本格的に始めようとするのなら、そのための定員のついた研究所を作ることが絶対に必要だ、というのが岩村先生の持論だった。この線に沿って努力が重ねられて、一九六〇年には京都大学東南アジア研究センターが正式に設立されたのである。

こういう舵取りがあって、いわゆる京大流の地域研究が形作られていった。それは一言でいうと、きわめてリベラルなものであった。きな臭いものになりがちなエリアスタディを手本にしながらも、それとは大きく違っておおらかで贅沢な研究になっていったのである。

2 地質調査から稲作研究へ

東南アジア研究センターへ入る

幸運が重なって、私はできて間もない東南アジア研究センターに入れてもらうことになった。その経緯については後で少し詳しく述べたいのだが、とにかくそれまでやっていたコンサルタントを辞めて研究センターの研究生になったのである。当時のセンターは一講座だけで、本岡武教授、石井米雄助教授、飯島茂助手、荻野和彦助手の四人が正式スタッフだった。このほかに五、六人の研究生と研修員がいて、私はそれに加えてもらったのである。当時のセンターは京都大学医学部の西側、吉田市場の隣にあった古い木造二階建ての長屋に仮住まいしていて、歩くといつも床が鳴っていた。そこで皆は石井さんをリーダーにして、毎日勉強会をやっていた。石井さんがタイ語とタイの歴史を教え、飯島さんが文化人類学の講義をし、荻野さんがPendletonのThailandを参考書にして、タイの植生の

写真2● 1966年，私ははじめてタイのチャオプラヤデルタの調査に入った．来る日もくる日も川ぞいの崖を探して歩きまわった．時々，チュラロンコン大学の地質学科の若手の先生達がつきあってくれた．地域研究とはいっていたが，どうやっていいのか分らず，手なれた地質調査をやり続ける私だった．

話をした。

何か月かすると、岩村先生から、「タイに鉄鉱床の調査に行ってみませんか」という指示があった。メコン計画というのがあって、メコン川沿いの広い範囲が水没するのだが、そこには鉄鉱床があるらしいのでそれを調べるのだ、という話である。「私は地質をやりましたが土質調査の方で、鉱床のことは全く分からないのです」と言うと、「そんなに狭く考えないでいいです。とにかく行ってみなさい」と言われた。結局、チュラロンコン大学理学部地質学教室に客員ということで席を置くことになり、調査に入った。メコン流域の鉄鉱床の調査ではない。チャオプラヤ流域の第四紀層の調査に入ったのである。これは私の博士論文の延長だったし、これなら何とかなるという自信があったからこれをやったのである。与えられた期間は一九六六年の夏からの一〇か月間であった。幸いタイ人の若手研究者との親交を得て、生活は快適だったし、調査の方も満足できる結果を得た。

帰国すると講座が増設されたということで、助手にしてもらえた。最初のタイでの調査に続いて二、三年ほどは続けざまに数か月ずつタイに行った。いずれもチュラロンコン大学を基地にして、第四紀地質の調査だった。だが、やり方は少しずつ違った方向にも広がっていった。

一九六八年に行ったときには服部共生さんから土壌学を習った。服部さんは土壌学の先生だったが、悟りを開いた高僧の風格があった。車を持っていた私が先生の調査のお手伝いをしようとすると、「どこに行っても同じです。君のフィールドに連れて行ってください」と言われて、結局、私の調査地点ばかり案内した。すると、服部さんはそこで私がやっていた解釈とは全く別の解釈をされ、それを説明して下さった。それは地質学的な解釈ではもちろんないが、さりとて土壌学的解釈というのでもなかった。むしろ服部流の解釈といったもので、私は大変大きな衝撃を受けた。大切なのは方法論ではない、自分の眼だ、と、つくづく思わせられた。

この頃は文字通り全精力をつぎ込んでチャオプラヤ流域を歩き回った。こんなハプニングもあった。何か背中に異物を感ずると思って振り返ると銃口を突きつけられていた。私たちは秘密工作員と間違えられたのである。そんなことにもそう驚かない毎日だった。

アメリカ留学

一九七〇年から七一年にかけては留学させてもらった。所長だった市村真一先生が「高谷君。君の研究分野で世界一の大学はどこですか」と聞かれた。石油会社の金をふんだんに使って第一級の仕事をしていたのがテキサス大学だったから、「テキサスです」というと、「そこへ行って下さい。まず、その分野で世界のトップにならなければなりません」といわれた。留学費用は工面して下さったので、テキサス大学の地質学教室に留学した。

先方にはちょうど私と同年輩の三人の若手の研究者がいて、仲間に入れてくれた。アメリカ人だからよく遊び、よく仕事する。お決まりのコースは朝の二時頃まで、チーズフォンデュか何かを前に、ビール片手に議論をし、それから二〇〇キロメートルの夜道を飛ばして行って、早朝、道端のコーヒー店でワッフルの朝食をし、すぐさまモーターボートでメキシコ湾のタイダルフラットに出て調査をするのである。時にはセスナで飛んで調査をした。三人で一機のセスナを持っていて、それで空からの調査をするのである。

二か月ほどこの調査に付き合ったが、私は完膚なきまでに打ちのめされた。私もチャオプラヤデルタで同じような地層を相手に調査をしている。だが、私の方はオンボロ車を一台持っているだけだ。しかも道がないからほとんどのところはサンダル履きでの徒歩の調査である。セスナ機や超豪華な試験室などはもちろんない。これだけの差があるのに、どうして勝負をしろというのだ。そう思うと、居ても立ってもおられず、テキサス大学を離れて旅に出た。自分に与えられた今の環境でも世界一になれるテーマが必ずあるはずだ、一刻も早くそれを見つけねばならない。私はすぐさまアパートを引き払い、車に毛布を積み込み、妻と四歳の息子をともなってミシシッピー流域周遊の旅に出た。この旅はそのまま世界一周の旅へ展開していった。所長には後で事情を説明すれば許してもらえるに違いないということで、アマゾン川、ニジェール川、ナイル川、チグリス・ユーフラテス川と旅をした。結局、アメリカ半年、その他の地域半年の旅であった。

旅の収穫は決して小さくはなかった。私は第四紀地質学にきっぱりと見切りをつけ、研究テーマを稲に絞ることにした。稲なら世界のトップに立つことができる。そう確信したのである。

東北タイの調査

日本に帰ったときにはもう第四紀地質は止めて稲に関したことを研究すると固く決心していた。しばらくすると友杉孝さんが東北タイの農村調査に出かけることを知った。友杉さんは東大の地理学出身でアジア経済研究所に勤めていた。石井米雄さんと親交のあった人で、その関係で私も友杉さんの知己を得ていた。その人が調査に行くというので、私はお願いして同伴させてもらった。

東北タイはタイでは珍しく、雨の少ないところである。しかも平原で山がないから、山から灌漑水を引いてくることもできない。多くのところが疎林になっていて、凹地にだけは少し水田もある。しばしば飲み水にも不自由する。そんなところだが、ちゃんとした農村があるのである。池を掘って、それを主たる用水源にしている。友杉さんは農家を訪れて聞き取りをするのだが、その間に私は村の周りを歩き回って、地形や土壌や林を観察した。村から村への移動の途中、農民が働いているのに出くわすと、友杉さんは必ず近づいていって、しばらく話をした。そばで聞いていて四分の一ぐらいは理解できたので、農村社会学の調査法というのはこんなものかと勉強した。このときの調査旅行で得た資料をもとに、私たち二人は「東北タイの丘陵上の水田―その産米林の存在について」「東北タイにおける水田の三類型について」「東北タイ丘陵地域の水文環境と水利用」「浅層地下水に依存する東北タイ平原地域」「メコン川氾濫原ぞいの水田」の五本の論文を書いた。一旦、第四紀地質学という枠組みを外してしまうと、面白いテーマがいっぱい転がっていることを身をもって知った。

東北タイを歩いていることが知られたからだろうか、その次の年には国連のメコン委員会から調査依頼があった。東北タイには乾季になると塩が吹き出してきて、稲が塩害を被る。塩析出の原因を究明してその対策を考えてほしいというのであった。これを、タイの土地開発局をカウンターパートにしてやってほしい、というのである。土地開発局の方からは三人のエキスパートを出してきた。それに運転手付きのランドローバーが与えられた。私たちは何故か大変馬が合ったので、調査はきわめて楽しいものだった。毎日毎日、炎天下を走り回り、夜はソーダで割った安物ウィスキーを飲みながら、遅くまで話した。今でもこの人たちに対しては一緒に戦った戦友といった気持ちを持っている。

チャオプラヤデルタに帰る

東北タイの稲を見て回っているうちに、もう一度チャオプラヤデルタに帰ってみなければならないという気持ちがムラムラと湧いてきた。東北タイを歩いてみて驚いたことは、稲の草丈に大きなバラつきがあることだった。水かかりの良い田の稲は一五〇センチメートル以上に伸びていて、穂も結構大きかったが、水かかりの悪い田の稲は四、五〇センチメートルしかなく、穂も本当に貧弱だった。そして、それがどうも金持村と貧乏村の差にも繋がっているように見えた。こんなことは日本にはないことである。そういえば、チャオプラヤでも大きな差があったようだな、そう思うと一刻も早く、

写真3● 1973年には東北タイで塩害調査を行なった．国連のメコン委員会からの依頼で，タイ人の専門家3人といっしょにやった．昼は炎天下で土を調べ，夜は安物のウイスキーのソーダ割りを飲み，夜遅くまで語りあうのが日課だった．延べ4カ月の調査の間にこの人達とはすっかり仲良くなった．彼等に対しては一緒に戦った戦友という気持を今も持っている．

もう一度チャオプラヤデルタに帰らねばならないと思うようになった。帰って、今度は稲の長さだけを調べてみよう、そう思ったのである。

チャオプラヤデルタに帰ってからの私の調査法はきわめて簡単であった。胸のポケットに小型のテープレコーダーを入れておく。車を運転しながら、道沿いの稲の草丈を目測で測り、それをテープレコーダーに吹き込むのである。稲は短いものだと一メートルぐらい、長いものだと三メートルを越すから、少々荒っぽくやっても、短いものか長いものかの差ぐらいは結構つくのである。私は目測で稲の長さを計り、それを記録した。

チャオプラヤデルタはこの種の調査には向いていた。デルタ中に縦横に運河が掘ってあって、運河沿いを車で走れるようになっている。どの運河沿いを走っているのかさえちゃんと確認しておけば、あとは車の距離計を頼りに位置を同定できる。私はデルタ中を走り回り、約二〇〇〇点の計測値を得て、それを地図上に落とした。それを用いて作った図が図1の図である。この結果は、The Plant Height of Rice in Delta ― A case study in Chao Phraya Delta of Thailand（『東南アジア研究』一一巻 二号）として速報的に報告した。

非常に粗雑な調査だったが、この図を作ってみると一気にデルタの全容が理解できたような気になった。それは第四紀層の露頭を求めてこつこつと歩き回っていたときには全く得られなかった像であった。地を這う虫と空を飛ぶ鳥の違いである。チャオプラヤデルタに帰ってきて良かったと思った。

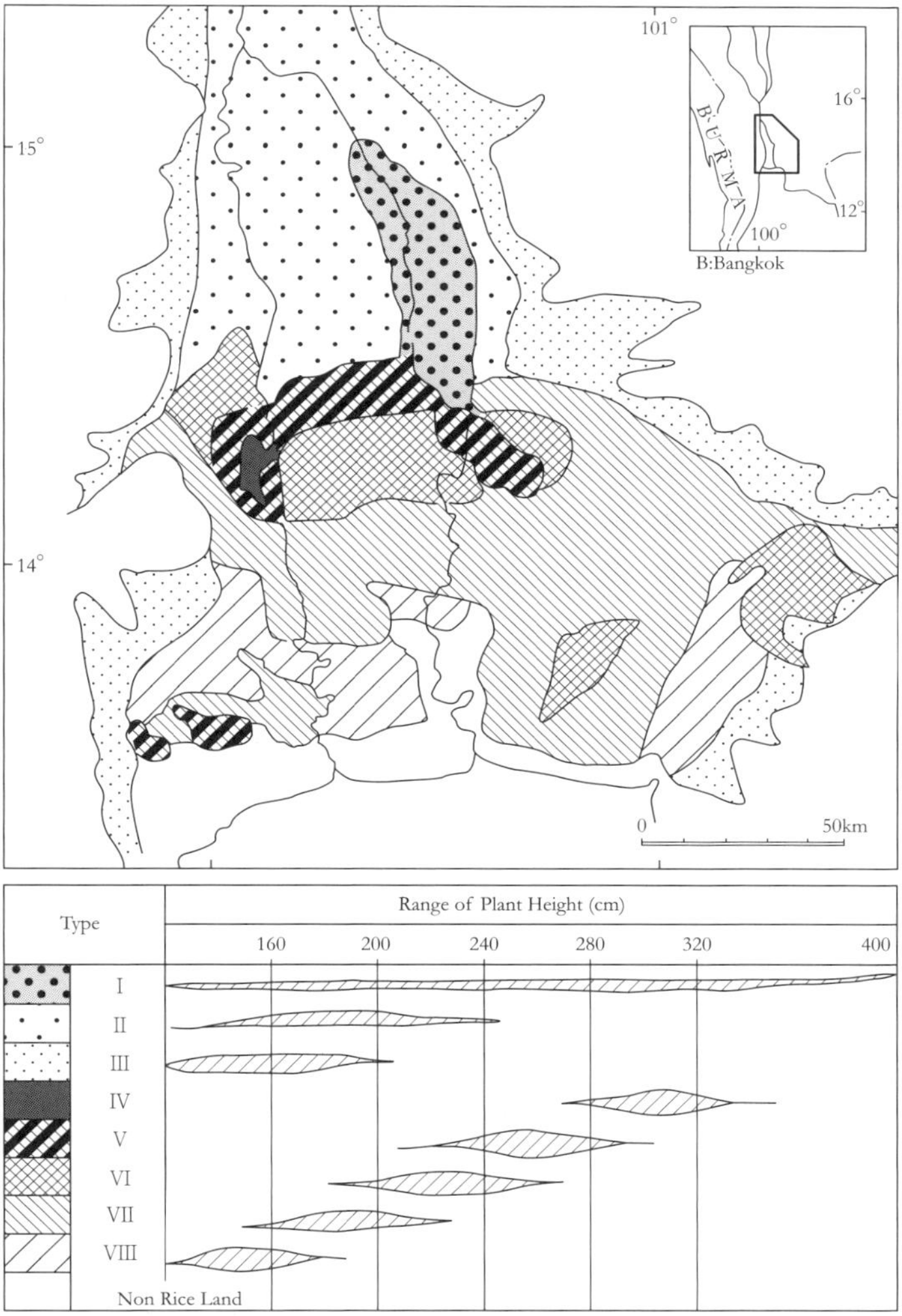

図1●稲長を利用したデルタの区分図

この図さえ手に入れたからには、これをベースマップにして、あとはいろいろな情報をそこに載せていき、デルタの全体像をより豊かなものにすることができる。そう考えて、次に私は各稲長区の代表的と思われる点を選び出し、そこに聞き取りに行った。たいていのところでは湛水のないカラカラの状態で籾をバラ播きする。その種子蒔きは何月に行うのか、湛水が始まるのは何月か、湛水が最も深くなるのは何月で、そのときの深さはどのくらいか、湛水がなくなるのは何月か、刈り取りを行うのは何月か、何という品種を植えているのか、等々を聞いて回って、その答えを先に作った稲長区の図の上に落としたのである。こうすると、今までよりももっと深くデルタ稲作の内容が分かるようになった。

その後、私はR・V・ハバード(Hubbard R.V)の〝The Canals of the Chao Phraya River Delta in Thailand〟(1967 ミシガン大学修士論文)と、田辺繁治さんの「Chao Phrayaデルタの運河開発に関する一考察、IとII」(一九七三)という二つの論文を見る機会があって、彼等が列挙している運河の特性と掘削年代とを、この図の上に載せてみた。すると、もっと面白いものになった。デルタの開拓史がその地形・水利条件に対応してきわめて合理的に行われていることが分かってきたのである。それで、私は「チャオプラヤ・デルタの開拓」(一九八〇、『東南アジア研究』一七巻 四号)を書いた。

この段階で私はもう一度、チュラロンコン大学の地質学教室に帰った。一九六六年、最初にこの大学を訪れた時以来の友人であるナロン氏を誘って、新しい目でデルタを分析し直すためである。二人は航空写真と五万分の一地形図を徹底的に分析し、現地を歩き直した。こうして、デルタを一一九のブロックに分割し、それぞれのブロックの土と水と稲作を記述した。デルタの農業発展にはこの種の情報はきわめて重要と考えたからである。結果はミメオグラフだが、Takaya, Y. & Narong T (1982) Chao Phraya Delta of Thailand : Asian Rice-Land Inventry, Descriptive Atlas No1として発表した。

こうした諸作業を積み重ねていって、一九八二年には『熱帯デルタの農業発展――メナム・デルタの研究』(創文社) を出した。

米増収の可能性の調査

こんなチャオプラヤデルタの調査がまだそれほど進んでいないときに、これに平行して私は久馬一剛さんが提唱した高収量品種稲の普及の可能性の調査に加わった。

当時、フィリピンの国際稲作研究所(ＩＲＲＩ)では、高収量の稲品種が開発されていて、これがうまく普及すればアジアの食料問題は解決されるだろうといわれていた。しかし、これが実際にはなかなか普及しなかったのである。何が原因で普及しないのか、その原因を調べようというものであった。この研究は久馬さんがリーダーで、それに灌漑を専門とする海田能宏さん、農学の福井捷夫さんがいた。私を加えて四人が中核メンバーである。初めはタイを対象にしてこんな研究をやりかけていたが、ビルマとベトナムに研究を広げることになった。

ビルマでの調査は予期した通りは進まなかったが、それがまた私には大変面白かった。ビルマに行ったのは一九七三年だった。この頃は外国人研究者の入国は禁止されていたのだが、私たちは許された。米の増産を考えるなどということだったから、コロンボプランの仕事ということになり、私たちはその専門家として受け入れられたのである。このときには予期せぬことがいろいろ起こって私は驚き通しだった。一番最初に驚いたのは、農林大臣室へ挨拶に行ったときである。これこれの資料をいただきたいというと、大臣は即座に秘書らしい人をベルで呼んで、資料をすぐに整えるようにと大声で命じ、その直後に私たちの方を向いて、笑顔で「命令は命令だ！」と言われた。日本語なのである。後で聞くと、この大臣ウ・イエゴンはアウンサン将軍とともに日本の士官学校で教育を受けた人で、大変な日本贔屓なのだという話だった。当時、イラワジデルタには道路がなかった。だから調査には船で行くより手がない。船は大臣専用の船を使いなさいということになって、ずっと船旅の調査をした。

もっと驚いたのはデルタに出てからだった。調査の方は予定通りは進まなかった。デルタの治安は極度に悪かったからである。私の見たデルタはどこもかも草原だった。チャオプラヤデルタとは大変な違いだった。なぜ草原なのですかとカウンターパートに聞くと、答えは、バーマンとカレンが戦っているからだ、ということだった。

理由はこういうことである。イギリス時代、植民地政府はディバイド・アンド・ルールの方針に

写真4●米の増収調査の様子（口絵1参照）

従って、カレン人を優遇し、バーマンを痛めつけた。太平洋戦争が終って、ビルマが独立し、イギリスが去ると一斉にバーマンによるカレン襲撃が始まった。カレン側でも反撃があり、田圃におちおち出ておれないような状態になった。田で働いていると、どこからか狙撃される。こうしてカレン、バーマン両側で何人もの人たちが殺された。だから人びとは田に出ることを諦めたのでこうして草原になってしまったのだ、という話だった。

私たちは地形・土壌・灌漑・作物といった技術系の専門家を揃え、現場にやって来ていたのだったが、問題はそんな組み合わせではどうにもならない別のところにあるのだった。私は農業問題の難しさをあらためて知らされた。

一九七四年には同じメンバーでメコンデルタに行った。ここではすでにメコン計画の関係でオランダのコンサルタントのＮＥＤＥＣＯが入っていた。メコン下流域開発計画にかかわって何年も調査していた会社であり、私たちの研究とも重なるところがあったので、私たちは慎重に調査を進めた。比較されて悪い点数でもつけられれば後々まで響くことが明らかだったからである。おかげ様で私たちの調査は成功したと私は思っている。このときの研究成果は一九七四年の日本熱帯農業学会賞をとった。

このときの調査も決して安全なものではなかった。調査中、カウンターパートは「道から離れないで下さい。地雷があるかもしれませんから」としょっちゅう注意していた。また、「注意して下さいよ。昼は政府方に見えても夜はベトコンになる人が多いのですから」ともいわれた。案の定、私たちが調査を終えて帰国した二か月後にサイゴンは陥落し、デルタも北の支配下に入った。

高収量品種が成育しうるところは灌漑施設があって水のかけ引きができるところである。それがどういうところに分布しているのかは私たちの調査で明らかにしえた。しかし、そうした条件のあるところでもこの稲は必ずしも植えられていなかった。何故、植えられていないのかと聞くと、この品種は肥料食いなので肥料の買えない自分たちはこの稲を入れる余裕がないのだという答えが返ってきた。また、村のリーダーの中には「確かに高収が得られるのだが、これを導入すると貧富の格差がますます広がるから導入したくない」という人もいた。こうなると、問題は技術的というより社会的なものである。

高収量品種の可能性の調査などというきわめて実際的な仕事にたずさわって、問題の難しさを痛感した次第である。私の関心はあまりに実際的なものよりももう少しソフトな方面に少しずつ向いていった。

稲作史研究

興味が向いていったのは稲作史であった。京大農学部には渡部忠世先生がいた。先生は作物学を担当していたのだが、早くから稲作の起源に興味を持っていて、タイなどにも調査に行っていた。一九六八年に一度、タイで先生の調査を見せてもらっていたのだが、アメリカから帰ると急にこれが大きな存在になった。それで、例の米増収の調査に加わる一方で、こちらの研究にも注意を向けていた。

稲作史に関しては稲作の起源地と並んで、伝播ルートの問題があった。稲は韓半島経由で大陸から日本に到来したのか、それとも琉球列島経由で来たのかという問題である。考古学者たちはほぼ全員が前者を支持し、農学者たちは後者を支持していた。後者は早くは柳田国男が『海上の道』として提唱してきたものであり、私なども東南アジアをやっている者としてかなり強く後者に傾いていた。この問題にけりをつけようということで、七〇年代の終わりに一つの調査が行われた。渡部先生をリーダーにし、文化人類学の大林太良さん、地理学の佐々木高明さん、考古学の佐原眞さん、歴史学の生田滋さん等々一〇人ほどが集まって、種子島から八重山列島にかけて調査に行った。このとき、たまたま私はその事務局を引き受けることになり、いわばこの種の研究にガッポリと組み込まれることになったのである。この研究の成果は渡部忠世・生田滋編『南東の稲作文化』(法政大学出版　一九八二)として出されている。

その後、渡部先生が市村先生を継いで東南アジア研究センターの所長になられて、この種の稲の文化史的研究にはもっと多くの人たちが参加することになった。多くの研究参加者を得て、一九八七年には『稲のアジア史』(渡部忠世専任編集)全三巻が小学館から出た。

この研究が進んでいる最中に、私自身はもう少し考古学に近い研究にものめり込んでいった。きっ

写真5●私達は渡部忠世さんをリーダーにして稲作の起源と伝播の研究もやっていた．考古学者達が朝鮮半島経由を考えていたのに対して私達は南島経由を考えていて，沖縄などにも調査にでかけた．写真はその時の1枚で，左から飯島茂，大林太良（故人），私，応地利明，生田滋，安渓遊地の諸氏．渡部・生田編『南島の稲作文化』は成果のひとつ．

かけは偶然のことからだった。スマトラをバスで走っているとき、広さが畳一枚ほどしかない水田が広大に広がっているのを見た。それを見た途端に、「アッ！　これは高崎市の御布呂遺跡で見たものと同じだ！」と思った。私はすでにそれまでにも考古学には多少の興味を持っていて、水田の遺構なども見ていたのである。バスはそのまま走ってしまい、私はそれを確かめることはできなかったが、帰国するとすぐ同僚の古川久雄さんにそのことを話した。そして、立本成文さんも誘って、急遽三人でそこを訪れ直した。そして、高崎市にもとって返し、両者を比較検討した。当時、日本の考古学者の間でも、高崎の水田は小さ過ぎるではないか、ということで話題になっていたから、私たちのスマトラのミニ水田の報告は日本の考古学者の間でも少し面白がられた。

考古遺構をつぶさに見ることは大いに意味がありそうだということで、古川さんと私は日本で発掘中の遺構を全て訪れようという計画を立てた。縄文時代、中世を問わず、見えるものは全て見るという計画である。一つの県に五日をかけよう、ネットで一ヵ年用意すれば全国のものが見られるはずだ、ということで早速これを実行に移した。私たちはクラウンのバンを持っていたから、これを志布志港に運び、鹿児島県から始めた。もちろん大学の仕事もあるから一気にやる訳ではない。何回かに分けてやるのである。南ばかり見ていては全体像を得にくいということで、青森に車を運び、そこから南下もした。この計画は結局、経費と時間の両方で行き詰ってしまい途中で止めてしまった。しかし、何やかやと言いながら、全国四七都道府県の半分以上は見たのではないかと思う。もちろん、私たち

写真6●日本中の考古遺跡を見てまわるという計画を古川久雄さん（前列右端）が立てた．この計画を実行中に多くの考古学者と知りあった．佐原眞さん（後列右より２人目，故人）工楽善通さん（前列左端）には特にお世話になった．この計画にはシーサックさん（タイ人考古学者，後列右端）のような外人も時に加わった．

は二人とも考古学に関しては素人である。素人でも、百を越す遺跡を見ていると、そのうちに何か分かるようになってくる。正直言って、この遺跡歴訪のおかげで「俺たちは他の誰よりも多くのものを見たのだ」という自信だけは持てるようになった。それに、そのうち考古学者の中に多くの知人を持つようになった。

第2章

地域研究の深化

1　学際の面白み

モバイル・ペザンツ

一九七八年、私は初めてインドネシアに社会学者や文化人類学者とともに行ったが、そのとき、アッ！　これが地域研究かと思ったことがある。それまでも私は社会学の人たちとも少しは付き合っていたから、ジョン・エンブリーの loosely structured society（弛緩した構造を持った社会）などという言葉は知っていた。エンブリーは日本の社会と比べるとタイの社会はあまりしっかりした構造

(tightly structured) を持っていない。社会組織もいい加減だし、人の行動もいい加減で規律がない、というのである。そう言われると稲作などもそうだ。ちゃんとした灌漑施設も組織もないし、第一バラ蒔きだ。本当にlooseなものでしかないのだな、と思っていた。稲作に関する限り、タイと日本は全く両極端だと思っていたのである。

ところが、インドネシアに行って驚いた。タイよりもっといい加減なのである。例えば、今年水田になっているところも来年水田なのかどうか分からないという。そこの田の持主が稲を作ると儲けになると判断すれば稲を作るが、行商に出た方が儲けになると判断すると、もうそこは放ったらかしで行商に出てしまう。行商が儲かっていればその間は行商をするが、やがて船乗りになってしまうかもしれない。こうなるとその期間、田は草ぼうぼうで、やがて林になる。

こういう状態だと、インドネシアにはコメ作りという作業自体はあるのだが水田というのは無いのだということになる。少なくとも、連年稲を作り続ける田というのは無いことになる。また定職者としての稲作農民というのもいないことになる。その人は、たまたまその年は稲を作っているが、別の年になると行商であり、船乗りだからである。これはスマトラやボルネオの話だが、とにかくインドネシアにはそういう稲作があるのである。こういう状況を捉えて、坪内良博さんや立本成文さんは「ここの農民はmobile peasantsだ」といった。

今ではこんな言葉を聞いても大して驚かないが、当時は衝撃だった。peasantsといえば定着的なも

写真7●モバイルペザンツ達は，時に棚苗代を作る．（口絵参照）

のだ。まして稲を作る農民などとなると、一ヵ所に腰を据えて、同じ田に稲を作り続けるのが当たり前のことである。いかにタイの農民がlooseであるといっても、彼等も自分の田を持ち、そこに毎年稲を作り続ける。一生彼は稲を作る農民なのだ。定着する農民なのだ。農民というのは基本的なところでsettledなものに決まっているじゃないか。それがmobileとは何だ。と、いうことだった。

こんなことがあって、私はそれまで私のやっていた生態一辺倒の「稲作の自然誌」を根本からやり直さねばならないと強く思うようになった。世界は広い。いろいろなものがある。最初から分析枠や調査方法を決めていたのでは見えるべきものも見えてこない。そう強く思うようになった。これが、いわば私にとっての地域研究の入り口だった。

二つの学際研究

当時、学際的研究ということについては二つの考え方があった。一つは専門の違う何人かの研究者がチームを組んで幅広い研究を行うこと、これを学際的研究だとした。この考え方ではなるだけ能率のよい研究チームを組むことが大事なことになる。これに対してもう一つの考え方は、一人の人間が多くの専門分野の知識を持ち、一人の力で多角的、総合的把握ができるようにすること、それを学際的と考えた。私は後者の立場をとっていた。

私が後者の立場をとっていたのは、前者の方法だと答えは最初から分ってしまっていて、本当に面白い発見は何一つ期待できないと思ったからである。この方法だと、極端に言ってしまうとその専門分野が常用している質問表がいわば決まってしまっている。調査者は頭を使わずに、その質問表の空欄を埋めていくだけである。これだと、確かにその学会で認められる、形の整った論文は書けるかもしれない。しかし、それ以上のことはできない。方法論のでき上がった専門的研究というのはだいたいそういうものなのである。こんなものはいくつ横並べにしてみてもたいしたことはない。そう思ったのである。

例えば、先の稲作の例でいうと、農学の質問表だと、何月に田起しをしたか、何月に植えたか、何月に刈り取ったか、何という品種か、といった質問がずらりと並んでいるが、それはあくまでふつうの稲作を想定したものであって、現場の稲作の本当に重要な特徴は何も捉えられないようなものになっている。例えば、耕起なんて全く行わないとか、稲は気の向いた年にだけ作るなどという、とんでもない特徴は全く捉えられない。農業経済の調査表にしたところで似たようなものである。稲作に何時間の労働を投入しましたか、稲作からの収入はいくらでしたか、などという質問が質問表にはある。そして、それに対応する答は得られる。だが、ふつうの場合だったら、あなたは毎年稲を作りますか、などという質問は質問表にはないからこの点は見落としてしまう。見落として、毎年稲を作るのだという早合点をして話を進めてしまう。するとこれはとんでもない大きな誤りを犯したまま結論を出してしまうことになる。

だから、重要なことは、所が変われば日本人の常識からすればとんでもないこと、予想もつかないことがありうるのだということを充分に知っておくことである。そして、そのとんでもないことを察知しうるのは、専門家の狭くて融通の利かない方法論ではなくて、もっと広くて、ゆったりとした柔軟性のある考え方と、違いを嗅ぎわける嗅覚である。そして、一旦こういうことに気付けば、現地というのは本当に宝庫なのである。アレッ！　そうだったのか、びっくりした、と思うことがいっぱいあるのである。そして、これを嗅ぎわけ、整理しうる能力は一人の個人のなかで学際的な知識と経験を積み重ねていく以外は得られないものなのである。

他分野に係る知識が必要だということは、すでに土壌学の服部さんに教わったときから気が付いていたが、その広がりがもっととてつもなく広いものだということは坪内さんたちのいう、mobile peasantsという言葉を聞いてからだった。岩村先生の言われたフィールドの重要性ということも同時に強く実感したものである。

2　私の先生たち

私は研究センターの同僚から本当に多くのことを学んだ。その全てはとうていここには書ききれないのだが、特に大きな影響を与えてくれた人たちのことを書いておこう。

文化人類学者・社会学者

先のmobile peasantsはその後、それほどきちんとした定義も与えられなかったし、その内容が詰められもしなかった。しかし、私は気になって仕方なかった。気にしながらいろいろなところを歩いているうちに、このことはスマトラやボルネオでは文字通り当てはまるがジャワでは当てはまらないと思うようになった。ジャワの水田はいわば先祖伝来の水田で、一度水田にしたら毎年稲が作られるし、ジャワで稲作をしている農民といえば、もう生まれたときから死ぬまで稲作をしている人が多い。こういうことになると、mobile peasantsというのはインドネシアの特徴とはいえないということになる。インドネシアの特徴というよりも、もっと何か地形や気候といった自然条件と関係があるように思える。スマトラやボルネオでmobile peasantsが住んでいるところは海岸平野で多雨、多湿地帯だ。一方、ジャワは火山山麓の傾斜地で、長い乾季があり、どちらかというとカラッとしている。こういう違いが私には明瞭に見えてきた。

私はスマトラのmobile peasantsたちに出会って「何故、すぐ稲作を止めるのか」と聞いてみた。すると「もっと面白い仕事がいっぱいあるからだ」という答だった。行商や船乗り以外に、籐やダンマールの採集もあるし、漁業もある。昔は蜜蝋集めやワニ捕りだってあった。儲けになる仕事がいっぱいあるから、何も稲作りにこだわる必要なんて全くない、ということだった。それに、せっかく稲を作ってもネズミに全滅させられることも多い。水田地帯ではマラリヤにやられる危険も大きい、というのだった。

要するにスマトラやボルネオは大湿地林地帯なのだ。そこは開墾して稲を作るなどといえばそれこそ大変なのだ。だが、そのままの森や海を利用することもできる。むしろ、そうすることによって金になるものをいくらでも手に入れることができる。そういうところで、たまたま気が向いて稲を作る人もいる。と、そんな状況なのである。誰も稲を作らないのだから、逆に作ってみれば希少価値があって儲かる。だが、全滅の危険も大きい。そんなところが実際なのである。人々はいわば、賭けのような稲作をしているのである。後に私はこのmobile peasantsに代えてギャンブラーという言葉を使うようになるのだが、それはこういう状況を捉えてのことである。稲を作ることだけがギャンブルではない。籐や蜜蝋を集めることも、魚をとることも、行商も、船乗りも全部ギャンブルとしてやるのである。どれもこれも可能性があるのだが、そのうちどれが一番儲けになるのか、それは分らない。だから、とにかく自分の勘に頼ってやってみるのである。やってみて、ダメだとなればすぐに次のものに移っていく。

こんな話を坪内さんや立本さんのような人たちに話すと、彼等もそれに付き合ってくれて、いろいろな話をしてくれるのである。そういうように人々が職業を変えていくと、コミュニティは非常に流動的になる。人々は移動するし、混交する。すると、日本などとは全く違った社会ができる。そこの社会はコミュニティというよりコミュニタス（communitas, 情緒的な絆で結ばれた社会）なものになり、そこの組織原理はダイアディック（dyadic, 状況主義的な二者関係）なものになる。コミュニタスだのダイアディックだのという言葉を聞いたのはこのときが初めてだった。はじめのうちは、こういう言葉の意味がもう一つ分らなかったのだが、何回も聞くうちにやがて実感をもって分るようになった。それまでは、私は湿潤な湿地林地帯では樹木の成長が旺盛であり、魚も多いから、人々がそこで採集・漁撈的な生活をしているのだろう、それがmobileというものであり、ギャンブラーというものだといった程度に理解していたのだが、やがてもっと深いところまで分かるようになってきた。そこの人たちのお互いの接し方、さらには世界観までをだんだんと想像できるようになってきたのである。

世界観や価値観といえば、私はイスラームについてずいぶん教わった。タイとマレーとどう違うのかという私の質問に対して、彼等は、「稲作をし、仏教を信じ、タイ語を話すのがタイで、稲作よりも、森林物産採集を重視し、イスラームを信じ、マレー語を話すのがマレー人だ」と答えてくれた。「イスラームは厳格な一神教で、左手にはコーランを、右手には剣をだろう」というと、そうではない。日本人が考えるよりずっと弾力的なもので、それにインドネシアのイスラームは正統派のそれとは違ってスーフィーだから、ちょっと違うのだと聴かされた。何回もイスラームのことを聞いたのだが、なかなか理解できなかった。

インドネシアのイスラームってどんな感じのものなのか、少し分かるようになったのは、アリス・ポニマン君と寝食を共にするようになってからである。同君は「マレー世界の稲作」で博士号をとるということで、私のところに来ていた。現地調査をする必要があるということになって、二人でインドネシアの島々に二か月間の旅行をしたのである。イスラームのことが気にかかっていた私は、アリス君によく質問をした。

「イスラームというのはお墓も作らないのだそうだね」。何かの本で、イスラーム教徒は全てをアッラーにお任せしてあるから、先祖の冥福を祈るためのお墓などは作らないのだ、そんなことをしたら、アッラーを信じていないことになり罰当たりなことだ、と読んだことがあるからである。すると、「いや、お墓は作ります。そういう理論もあるのだけれど、私たちは墓は作ります。私たちの墓は山の上に作っていますが、特別な日には皆で歌を唄いながらそこにピクニックに行きます」というような話だった。私が六根清浄を唱えながら大峰参りをすることを話すと、「そうそう、それと同じですよ」という話である。妖怪や魔物の話はいっぱいしてくれたし、夕方の黄昏時になると、「今頃が一番危険なのです。注意しましょうね。子供の頃、母はこの時間になると決まって私を家に連れ戻しました」という。そんな話を聞いていると、一体、私たち日本人の世界とどこが違うのかと思わせられるのだった。「妖怪や魔物はいっぱいいるのだけれど、アッラーを信じて力をつければ、それらにやられることはないのです」と言っていた。知人に言わせると、アリス君はイスラームの先生になれる

写真8●立本成文さん（人類学者，右端），坪内良博さん（社会学者，右から3人目），田中耕司さん（農学者，左端）達と旅行をいっしょにして，いろいろのことを学んだ．それまでの生態一辺倒に近い見方から，社会の仕組み，経済，さらには宗教にまでも目が向くようになった．地域研究が少しずつ肉付けをしていくようだった．写真はスマトラ．

資格を持っていて、土地の人たちからは尊敬されているというのであった。イスラーム丸出しなどというところは全くなく、「万止むを得ないときは、アッラーは何でも許して下さるのです」と言って何でもし、何でも話してくれた。インドネシアのイスラーム教徒が全てそういう人なのかどうかは今もって私には分からないのだが、少なくともアリス君はそういう人だった。

このアリス君に、ああやっぱり私なんかとは違うのだな、と思わせられたことがある。物腰が洗練されていて、物おじしない点である。私などアリス君に比べると大変な田舎者だ。そういえば、タイ人も私と同じで田舎者だ。例えば、外国人に対したとき、不自然に肩をいからせたり、逆におじけたりしてしまう。ところが、アリス君を見ているとそういうところは全くない。私のような日本人に対してもそうだが、欧米人に対しても平気だ。昔はその理由は分からなかったが、最近では、やっぱり彼は「イスラームの家」の一員で、根っからの国際人だったのかな、とそんなことを考えたりするのである。

「イスラームの家」というのはイスラーム教徒が持っている世界観である。イスラーム教徒はアフリカ西海岸のモロッコから、中国の新疆省まで、一方、海を渡って東南アジアにまで広がっている。この中には顔の色と言葉の違う何十種という人たちがいるのだが、皆、アッラーを信ずる家族の一員で、平等だと思っているのである。今でこそ国境が作られ、その垣根が高くなってしまっているが、それでも本来は分け隔てのない家族だと考えている。これが「イスラームの家」の世界観である。アリス君はそういう大家族の一員として生まれたのだから、生まれたときから、勝れて国際的なのである。今頃になって、二〇年も前に付き合っていて感じていたことを、そんな風に解釈しているのである。坪内さんや立本さんが、「マレーの特徴の一つはイスラームだよ」というときのイスラームの意味が、こうして後になるとやっと分かるようになったのである。彼等は、定着にこだわり、どちらかというと排他的ですらある稲作民と違って、好きなことを求めて動き回り、国際感覚にも勝れた人たちなのだ。と、そんなことも少しは分かるようになったのである。これも文化人類学者や社会学者との付き合いがあったお蔭である。

歴史学者たち

岩村先生はコンテンポラリー・スタディの重要性というのを教えておられた。それで、センターには歴史はやらなくていいのだという意見もあった。しかし、これは先生の真意を誤解した意見だと私は思う。私は、歴史の知識なしには地域研究は不可能だと思っている。

歴史の面白みを最初に教わったのは石井米雄さんからだった。チャオプラヤ流域を対象にしていた私は、この流域を四つに区分していた。上流の山間盆地区、中流の平原区、下流の古デルタと新デルタである。これを見た石井さんは、これは中世核心区、中世前進区、近世区、現代区（この言葉は私が勝手に用いているのである）に当ると指摘した。さらに山間盆地は稲作を基盤にした土候国群からなる、古デルタは商人王の拠点、新デルタは米プランテーションの場だ、ときわめて鮮明なイメージを出した。私はこのことを大変面白く思い、それぞれの地域の稲作の解明に力を注いだ。ごくごく簡単にいってしまうと、山間盆地の土候国では日本の稲作と同じ型の灌漑移植稲作が、一方、デルタでは粗放な浮稲が中心的なものだというような結論を出した。

その後、私は新デルタの部分の開拓史をより詳しく調べることにした。単調そうに見えるデルタも詳しく見てみると、それはいくつもの性格の異なった部分からなっている。本当に平坦なところや少し起伏のあるところ、きわめて深く湛水するところ、塩水の入ってくるところ、等々である。それらの地区差を出して、そのうえで開拓がどのように進展したかを調べた。その成果が先に述べた『熱帯デルタの農業発展——メナム・デルタの研究』(一九八二　創文社)である。この仕事はデルタの自然と開拓史の関係を論ずるときの一つの標準型を示すことになったので、その後、いくつかのデルタがこれに類した考え方で論じられることになった。

私の歴史への興味をもう一つ推し進めることになったのは、桜井由躬雄さんの研究センター入所であった。この人は漢文資料を駆使して紅河デルタの開拓史を研究していたのだが、私とは馬があって、しょっちゅうデルタ開拓史について話し合った。桜井さんは漢文は読めるが、田圃の状況や農作業のことはあまり知らない。私は農作業のことはかなり分かるが、漢文が読めない。その二人が組んだのである。まず、桜井さんが稲作に関係のありそうな漢文の一節を二部コピーして来て、それを日本語

写真9●東南アジア研究センターではコンテンポラリーな研究が重視されていたわけだが，歴史の勉強もかなりよくやった．稲作史の渡部忠世さん（左端）と東南アジア史の石井米雄さん（中央）がガッチリとスクラムを組んで，後進の指導をしていたからである．写真は石井さんの退官パーティの時の渡部さんと石井さん．右端は石井夫人．

にする。すると、私がその文章について、何でも思いつくことを言う。例えば「両熟」という単語が出てくる。桜井さんは「二期作」というふうに訳す。すると、私はすぐに待った！　をかける。「その二期作ってどういう意味だ？」「年二回とるということだ」「まあそれでいいけど、同じ田圃から二回とっているかどうかは分からないぞ。雨季にだけ稲を作る田、乾季にだけ作る田と、別々の田で作っていて年二回ということかも知れん」。それじゃ、ということで、今度は可能な限り詳しい地図や航空写真を持ち出して、そこを克明に調べてみる。研究室の床いっぱいに地図を広げて真夜中まで議論するのである。そんなことが何回もあった。両方とも貧乏だったから、食パンをかじり、水道の水を飲みながら、よくやった。

こうしたデルタ開拓史研究の中の一つのイベントが、東大系の中国史の人たちと、京大東南アジア研究センターの農学系の人間の間で行われた「江南デルタ」シンポジウムであった。これは桜井由躬雄さんが企画・立案から実質的な司会、編集までの全てを行ったものである。その成果は、渡部忠世・桜井由躬雄編『中国江南の稲作文化』（日本放送出版協会　一九八四）として出版されている。

デルタ開拓史の研究と同時並行的に行われていたのは、もう少し幅広く東南アジア全域を漢文資料から探ってみようというものであった。これはいつ頃からか、「漢籍を読む会」という名になって、隔週、定例的に行った。漢文のテキストを読んだのである。ずいぶん長く使っていたのが『通典』だった。それから『旧唐書』などと進んでいった。　歴史学者が読み下しをすると、漢籍の読めない

写真10●当時まだ助手だった桜井由躬雄さんの企画・立案で江南デルタシンポジウムが行われた．東南アジア研究センターの生態・農学関係の研究者と，東京大学を中心とする中国史家を合わせて江南デルタの開発史を解明しようとしたのである．京都で，3泊4日の熾烈な議論が闘わされた．結果は渡部・桜井編『中国江南の稲作文化』として出版された．

他の連中が口々に勝手なコメントをつけあった。

このときに読んだ範囲は雲南から東インドネシアに及ぶ広いものだった。ただ、資料の関係から土産、交易、王都の様子などが中心になっていた。この勉強会から出てきた大きな結論の一つは、同じ東南アジアといっても大陸部と島嶼部ではずいぶん様子が違う、ということであった。大陸部では稲作が重要で稲作に基盤をおいた土候国があった、一方、島嶼部では圧倒的に交易が重要だった、ということであった。しかも、その交易を行うのは港にいるインド人商人王で、その王宮とそれをとりまく港の風景もインド的だ、などということが分かってきた。こうして得た全体像をもとに、桜井さんは、大陸部のterrestrial kingdomsと島嶼部のmaritime networkという対照を論じた。

この勉強会から得られたmaritime networkの内容は、先に坪内・立本両氏が分析を進め、提示していたdyadicでmobileな社会とうまく繋がるものだった。

政治学者たち

政治学者からは国家についていろいろ教わった。特に太平洋戦争後の国民国家について多くを教えてもらった。

植民地化される前のインドネシアのことを考えてみよう。この何百という島からなる地域にはいくつもの王国が存在していた。ジャワ島のジャワ王国やスンダ王国、スマトラのアチェの王国やミナン

写真11●坪内良博さん(左端)と土屋健治さん(右端)が地中海に旅行した時，ついて来てもいいよということだったので，ついて行った．土屋さんはインドネシアの民族主義の研究をしていたが，詩人で，それは素晴らしい文章を書く人だった．この土屋の世界を知りたいと思って同行したのである．これを聞きつけて古川久雄さん（中央）が割りこんで来た．残念ながら土屋さんは夭逝した．

カバウの王国、スラウェシ島のゴア王国やマカッサル王国、等々である。それぞれの地域にはその地理的条件に応じて、独特の文化と経済を持ち、さらには固有の言語をもって、王宮を中心にした纏まりが作られていた。文化人類学者や歴史学者が対象にしているのは、どちらかというとこういう伝統的な王国である。その意味では、厳格な意味での現況は問題にしていない。太平洋戦争後は、実はこうした基盤の上にインドネシア共和国という新国家が作られたのである。この新国家そのものを取り上げているのが政治学者なのである。これこそ、まさに厳格な意味でのコンテンポラリーな研究というべきものである。

土屋健治さんはインドネシア共和国の成立についてこんなことを言っている。伝統的な王国が群立していたなかで、最初それは「想像の共同体」として現れてきた。人びとが心の中に描く想像の政治共同体である。しかし、やがて、それは実態をともなった、インドネシア共和国に成長した、というのである。

これがどういうプロセスでそうなったのかというと、結局はこの地域がオランダの植民地になったことに出発点がある、という。オランダはこの地の支配を能率的に行うために下級官僚養成用の学校を作った。すると、この学校には土地のエリートたちがいろいろな島々からやって来た。教育はオランダ語で行われたから、学生たちは皆、オランダ語を習得し、お互いに顔なじみにもなった。そして仲間になるとお互いに自分たちの将来を語り合うようになった。学生たちはオランダ語文献を通して、やがて、自分たちのおかれている立場も知るようになった。そして支配されている状況から何としても抜け出さねばならないと考えるようになった。この考えはたちまち若者たちの間に広がった。そして彼等は打って一丸となって、オランダ打倒と、その後の自分たちの国造りを追求していくようになった。ナショナリズムの抬頭であり、想像の共同体の塑造である。この塑造の過程でいろいろなことが行われた。その中でとりわけ重要だったことは、ムラユ語を国の言葉、インドネシア語と決定したことであった。これで、オランダ語にかわる、自分たち国民の言葉を持つことになり、国民国家は一気に実現へと近づいていった。と、このようにいうのである。

私などは、この土屋さんの説明で、なるほど今のインドネシアというのはそうして作られたのかと、やっと理解できた。もっともしかし、一方では、本当に国民国家インドネシアはできているのだろうか、という疑問も抱いた。現実にインドネシアではその後も分離独立の動きが頻発していたからである。スラウェシのブギス人たちの激烈な戦いがあったし、もっと後ではアチェの独立の動きもあった。想像の共同体はあくまで強いられた想像の産物で、必ずしも実質をともなったものになっていないのではないか。そんなふうに感じたりもしていたのである。

そんな方面でいろいろなことを教えてくれたのが矢野暢さんだった。矢野さんは内世界と外文明という言葉を使ってこのあたりのことを説明してくれた。

一つの地域は内世界と外文明の合成として捉えることができる。どの地域にもその地域が長年かけてはぐくんできた固有なるもの、内世界というのがある。しかし、実際には外からいろいろな思想など、すなわち外文明が到来する。そして、今ある実際というのは、その二つの絡み合いでできているものだと、そんなふうにいうのである。先の例でいくと、ジャワやスンダやミナンカバウ等々といった内世界があって、その上にナショナリズムなどという外文明が到来して、インドネシア共和国ができているというふうに考えていくのである。この場合、ナショナリズムという外文明は実際どの程度しっかりしているのだろうかという問題である。もし、大した働きをしていないのなら、多様な伝統的王国という内世界がすぐに顔を出してしまって、インドネシア共和国というのは看板だけということになってしまう。

ところで、ここで内世界は伝統的な王国だとさらりと書いてしまったが、本当はそんなに簡単に片付けられるものではないようなのである。例えば、ジャワ王国というものを考えてみよう。ジャワ王国そのもの自体がまたそのもう一つ底の内世界と外文明からなっている。ジャワ王国を作っている外文明の一つはイスラームである。しかし、そのイスラームという外文明を脱がせてみると、またインド文明の影響が出てくる。一体、どこまで行けば本当の内世界なのだという問題が出てくる。内世界と外文明という分析の枠組みは一時期、東南アジア研究センターで共有されていて、政治学者以外にも多くの専門家が参画する主要な研究テーマになっていた。

景観学的区分法

ちょうどこの頃、私は独自の地域区分法を持っていた。それは、景観学的区分法とでもいうべきものである。その萌芽はすでに一九七八年の「水田の景観学的分類試案」に現れているが、そのポイントは要するに自分の目で見てパッと見えてきた景観を中心にして地域を語っていこうというものである。旧来の地域区分法だと、地質図、土壌図、植生図、土地利用図などを重ね合わせて、重なった線を重視して地域区分をするものであった。これだと、畢竟、生業・生態的な区分になってしまう。社会的、文化的な面を加味したいということで、例えば、人口分布図、道路網図や言語分布図等々をも重ね合わせてみると、たいていは重なり合う線など現れてこないで、何が何やら分からなくなってしまう。

こんな経験を繰り返した結果案出したのが、ここにいう景観学的手法である。地図を重ね合わせるなどという、そんな七面倒なことをしないで、これがこのあたりの最も典型的な景観だというところをとにかく直感で括り出してみよう。そして、それを中心にそれと同じもの、もしくはそれに類似するものの範囲をグルリと囲んでしまおう。これが私のやり方であった。こうしたやり方をやっていたことの裏には私なりの理屈があった。自分はこんなに何度も一生懸命歩いたのだから、これで感じ取ったものの方が、一片の分布図などよりはずっと本当の姿を捉えているはずだ。そう考えて、例えばインドネシアなどもジャワ、バリ、ロンボクは一塊にするが、スマトラは別の一つ、スラウェシとその周辺はまた別の一つなどと勝手に区分していたのである。

そんな図を見て、あるとき、矢野さんが言った。「高谷さん。あなたは御自分では気付いておられないようですが、大変な仕事をしているのですよ」。私は最初、何を言われているのかサッパリ分からなかった。しかし、何回も言われるうちに、私の景観区は矢野さんの求めている内世界に最も近いものらしいということが分かるようになった。あるいはこれを改良すれば内世界が出せる。そのように彼が考えていることを知ったのである。私が「この図を作るための方法論というのは何もないのですよ。ただ、直感に頼っているだけですよ」というと、「それでいいのじゃないですか。地域の総体を捉えるなんて結局は直感でしかやりえないのではないですか」と、大変な太鼓判だった。

そのうち矢野さんは、「高谷さん。景観区というのはよくない。〈世界単位〉にしましょう。いいですか。二一世紀には国民国家の国境線が必ず問い直される。地球世界は新しい地域編成をしなければならなくなるのは間違いないのです。そのときに依拠しうるような地域単位、それが必要なのです。〈世界単位〉ということにしましょう。近々私はノーベル財団で講演をしなければならないのですが、そのときには unit world という言葉を使おうと思いますが、それでいいですか」と言ってきた。私は押されっぱなしで「よく分からないけど、それでいいんじゃないですか」と返事をした。

矢野さんが本気だったことは、その直後に分かった。「『中央公論』で特集を組んでもらいましたから、あなたに巻頭をお願いします」と言った。それまで総合雑誌などほとんど読んだこともなかったし、まして書くことなど夢にも思ったことがなかったのでびっくりした。「特集の題は「今こそアジアを見る新しい目を」です。できたら「新生態史観モデルを求めて」ということで巻頭を書いていただけませんか。土屋君、坪内君、立本君にもお願いするつもりです」。その特集はその通りの形で一九八九年四月号に組まれた。

〈世界単位〉という言葉はこの特集のときには用いられなかった。この言葉が一番最初に用いられたのは『事典／アジア・太平洋』（一九九〇年　中央経済社）の中の矢野論文ではなかったかと思う。その後、先の中央公論の特集をもう少し充実させて、私は『新世界秩序を求めて』として新書で出すことになった。一九九三年のことである。この中では〈世界単位〉という言葉はもうごくごくふつうに使っている。

私は学際的研究というのは多くの研究者が協力して行うとよいと思っているが、それ以上に個々の研究者が学際的実力をつけることが大事だと考えている。私としては、ここに述べたような人たちを先生にして、彼等から少しずつ学びながら、一応、最終的には〈世界単位〉というところまでやってきたのだと考えている。この到達点は、『〈世界単位〉から世界を見る』（一九九六年　京都大学学術出版会）として、皆さんに見てもらえるようにしてある。

3 モラルの問題

アカデミズム・インペリアリズム

センターの地域研究の深化の一つの方向はモラール（倫理）を考えるようになっていったことではないかと思う。このことは必ずしも非常に深く突き詰められるということはなかったが、少なくとも一応は考えられたと思う。そして、私などはこの点が、地域研究と文化人類学の差をはっきりとさせる最も大きな点ではなかったかと考えている。

モラルの問題はセンター創設の最初からあった。左翼の学生たちはセンター設立の話が明るみになると、猛烈な反対運動を起した。フォードの金をもらって行う研究は結局はアメリカの手先になって東南アジアの人たちを搾取するだけで、犯罪的行為だというのである。研究者自身はそういう意図はないとして、こういう反対運動には敢然と立ち向かっていたのだが、今から思うと、そういうふうになる危険はやはり皆無ではなかったと思う。しかし、私自身は、自分はそんな気は毛頭ないのだから、大丈夫、安心してくれと思っていた。それより、イデオロギーに凝り固まって、他人の自由を奪おうとする集団の暴力はけしからぬではないか、と思っていた。

しかし、似たような声は予期せぬところからも上がってきて、私は少なからずたじろいだ。一九六八年、第二回目の第四紀調査に入ると、チュラロンコン大学の親しかった友人から「タカヤ。君のやっている研究はアカデミズム・インペリアリズムではないかという声が上がっている」という忠告を受けた。前年度に私がやって発表したようなことは、タイ人の若手スタッフでも充分にできる。むしろ、ああいうことはその調査法をちゃんと地元の研究者に伝授して、彼等にやらせた方がずっといい。というのである。それを言われたとき、私は一瞬ゾッとした。タイの中央平原は第四紀地質調査のフィールドとしては宝庫であった。濡れ手に粟で成果をあげることができた。だが、そのことを知られてしまって、「お前は宝を独り占めしようとしているのだよ。友人にはしておけない」と言われたような気がして本当にゾッとした。私が自分の調査を素直な気持ちでやれなくなったのはこの時点からである。タイへ来て調査をさせてもらおうとすれば、少しはお返しをしなければならない。そうでなければ、何かひとひねりして、私でなければできないようなことを考えねばならない。そう真剣に考え出したのである。

矢野暢のモラル論

正直いって、この気持ちはその後薄らいでしまった。チュラロンコン大学を基地にしていたときは私一人であり、いわばタイ人社会の中で自分一人で動いていたのだが、その後は何人かの日本人研究者と行動をともにし、しかも、いわば現地社会とは遊離した格好になったから、こういうことに関しては鈍感になったのである。ところが、一九八〇年代の後半から研究センター内でこのモラールの問題がさかんに取り上げられるようになった。それを最も頻繁に口にしたのは矢野暢さんだった。

矢野さんは、地域研究は単なる学際研究であってはならない、諸学の寄せ集めであってはならない、とした。もっと時代に敏感で、世の中を正しい方向に導いていくようなものであらねばならないと主張した。こういう視点から、彼は何人かの同僚を批判した。

経済学者に対してはこういう非難をした。彼等はあまりにも楽天的に経済発展の明るい面ばかりを見ていて、暗い面を見ようとしない。世界資本主義経済の仕組みの中では、中央の発展は周辺の貧困を引き起こす。それに目を向けようとしない、として批判した。それに第一、世界中の誰もが豊かで便利な生活を良しとしているのではない。地球上にはいろいろな社会があって、経済以外のものに重きを置いている社会もある、と言った。彼は多文明共存の世界をよしとしていて、普遍主義者の唱えるグローバリゼーションを否定していたのである。多くの経済学者は楽天的な普遍論者だったから、矢野さんは彼等を叱った。

専門誌への論文投稿にあまりに汲々とする一部の文化人類学者や歴史学者も批判の対象となった。例えば、先に見たインドネシアの場合である。インドネシア共和国の建設は国を挙げての事業だったのだが、それには多大の犠牲が払われた。多くの人たちは命を落とした。そうした事柄に無関心で、ただ自分の論文作成のことだけを考えているような研究者は地域研究をする権利がないといって非難した。岩村先生が言われたコンテンポラリーな研究というのは、矢野さんによってもう一段厳しいレベルで議論されることになったのである。

地域研究は文化人類学や地理学と似たような手法を用いることが多く、その意味ではよく似ている。しかし、この学問を後の二つのものとは全く違ったものにしているのはまさに、このモラルの意識があるからだと、私は今も考えている。矢野暢が本当にモラルの人であったかどうかは分からない。しかし、彼がこの問題を真剣に取り上げたことだけは確かである。

4 研究の手法を求めて

全てをテープレコーダーに

ここで、地域研究を進めるに際して私たちが案出した方法について少し述べておこう。大した方法は案出しなかったのだが、とにかく苦しまぎれにやった方法はテープレコーダーに全てを吹き込むという方法だった。

第四紀地質学を放棄した私には、もう頼れる調査法というのはなかった。第四紀地質学なら、崖に来てその断面を観察し、決められたやり方でその地層を記載すればよいのである。できれば化石を見つけてそれを掘り出して持ち帰り、より詳しく記載する。しかし、第四紀地質学を止めてからはこうした頼るべき方法もなくしてしまった。こうして、ハタと困ったのである。

ここで思いついたのが、何でもよい、目に見えたもの、心に浮かんだもの全てをテープレコーダーに吹き込んで、それを後にB６のカードに落とすというものだった。これをするために小型のテープレコーダーを胸のポケットに入れておいて、四六時中これに向かって吹き込むというものである。この方法は一九七三年頃には私自身はもう多用していた。

高収量稲の調査をしている頃には、この方法を真似る人も何人かいた。その頃は一台のジープに四、五人が一緒に乗って調査したのだが、実に面白かった。録音することが皆違うのである。ある人はやっぱり水を中心に見ている。川を渡ると即座に「一・五トン・パーセコンド。川幅二〇〇メートル」などと吹き込んでいた。稲を中心に見ている人は「出穂中。かなり白穂が出ている。虫か？」などと録音している。私などは何でもかんでも手当たり次第録音した。「アッ！　蛇です。三〇センチ。すぐ稲の間に逃げて行きました。どこからか魚醤の臭いがしてきます…」

お互いに困ったのは同じものを見ていながら全く違った記録をしていることだった。一人が「山です。三〇メートル」と言っているときに、別の人は「前方に一〇メートルの小山」などと言っている。

お互いに聞こえているから、お前のは間違いだぞ、といった顔をして見合っている。そんなこともあるし、また別の面白いこともある。あいつあんなつまらないことを録音していると思われるのが恥ずかしくて、人には聞こえないように小声で録音する人もいる。そうかと思うと、本当にバカバカしいと思われるようなことを大声で喚く人もいた。こんなことで、車の中は結構賑やかで、それはそれなりにある種の、物の見方の学び合いであり、意味はあったのである。

ただ、この方法には困ることがあった。それは文字に落とすのに大変時間がかかることだった。私は録音した分は必ずその日のうちにカードに落とすことにしていた。二、三日分も溜まるともう追いつくことが全く不可能な作業量になるのである。宿舎で夕食後、すぐ始めるのだが、平均三時間はかかる。時にもっとかかる。昼間にかなりのエネルギーを消費してしまっているから、これが大変なのである。カードにペンを置き、その上に伏せてしまっていることも何度かあった。カードには文字通りミミズの這った跡のようなものが何枚かあるが、それはそうしたときのものである。当時のテープは薄かったのか、途中でよく絡まってしまった。絡まってしまうともう進まないから録音はされていない。そんな日には「ああ、助かった。今夜は早く寝られる」とホッとしたものである。

この苦しさがあったから、この方法は一時流行ったが、二、三年で廃れてしまった。その後もずっとこれを続けたのは古川久雄さんと私の二人だった。その二人も一九九一年には止めてしまった。だが、これを止めてしまった理由は作業が辛いということも一つだが、もう一つは、この方法では大局を見落とすと感じたからである。一日中、目を皿の様にして観察していたのだから、細かい情報はいっぱい手に入れている。しかし、それに集中し過ぎて、感性が錆びついてしまっていたのである。「スマトラの百姓って、やっぱり熱帯雨林の中の百姓って感じがするね。タイの百姓と違う」などと言われると「あれあれ、そうだったのか、大局を見ているな。俺はそんなこと気付かなかった」などと思って慌てたりしたのである。こんなことで、私の中ではこのテープレコード法は一つの限界にきてしまって、止めたのである。

我ながら不思議なことだが、こうして集積したパンチカードは一度も使わなかった。膨大な一次資料が記録されているはずだが、論文を書くときにも、それを開いてみようという気には全くならなかった。論文を書くときには自分の頭に残っているもの、瞼に浮かぶものだけで書いてしまった。そんな私の習性を知っている友人があるとき、「それなら何故そんな苦労をしているのや」と聞いた。私は「行みたいなものやな」と答えた。半分冗談だが半分本当だった。

最近になって、このカードを時に開くことがある。履歴書を書く必要があったりして、あの旅行は何年何月だったかを調べるために見るのである。そんなとき、ふと一枚に目が止まって、少し行を追ったりすると、まざまざとそのときの状景が目に浮かんできたりする。そういえばあの角を曲がったところに茶店があって、そこでコーヒーを飲んだな。店には大きな火焔樹が覆いかぶさっていたな、などと思い出したりするのである。時間を作って、今度こそちゃんと読み返してみようと思ったりしている。

見えないものを見る

見たものを克明に記録するというのとは逆のことになるのだが、見えないものを見るという技法の開発も試みた。あまり成功はしなかったのだが、このことに関しては三つのことを試みた。第一は研究室の壁、とりわけそこに座ると正面に対することになる壁いっぱいに巨大な地図を張った。常に目に入るようにしておいて、なるだけ長時間自分を地図に曝し、土地勘を得ようとしたのである。

もう一つやったことは朝の日課である。私は毎朝一番電車で大学に行って、二階の会議室の窓を開けた。そこからは木立の向こうに大文字山が見えた。その大文字が毎日違うのである。はっきり見える日もあるし、雨の日だと全く見えない。見える日も色や山肌の感じが全部違う。その前に立っている木立の様子も毎日違う。私は毎朝、人の来ない会議室の窓から、それを一〇分から半時間ぐらい見た。

木立の一番近いものは窓から一〇メートル足らずのところにあった。若い欅である。ある朝、黄色い新芽が吹き出しているのを見た。それは下の枝だけにしかなかったが、翌日はもう少し上の枝にいき、三、四日のうちにどんどん上の枝に広がっていった。私はなるほど、新芽はこうして焔のように上に燃え上がっていくのかと思った。その内黄色がかった新芽が緑になり、それもまた上に登っていった。私は急に欅のことが気になりだし、ガラガラの一番電車の中で、欅のことをよく考えていた。そして、大学に着くと大急ぎで窓を開け、いつの間にか欅に挨拶するようになった。「お早う。今朝はどうですか」大きな声で言うのである。新芽から若葉の頃はそれが毎日続いた。

何年間も同じことをやっているうちに、欅は大きくなり、直径が三〇センチはある成木になった。そんなある日、私が「どうだね、今朝は」と言うと、「ありがとう。とっても気分がいい」。確かに欅が返事してくれたのである。木が口をきく。と、確信し、それからは一層律儀に毎朝挨拶をした。しかし、期待したのが悪かったのか、もうそれからは一度も返事をしてくれなかった。

もう一つ似たようなことをやった。平田篤胤は「桜を見ていると魂があくがれ出る」といって桜を特別視したと誰かから聞いたことがある。篤胤はまた、死んだら土の塚の下に埋めてくれ、そして塚の上に桜の木を植えてほしいと頼んだという。桜の頃には塚から出て来て、桜を見ながら酒を飲みたいのだ、というふうなことを言っていた、とも聞いた。そうか、桜は人の魂をあくがれ出す力があるのか、それはぜひ経験してみたい、と思うようになり、毎年花見をするようになった。

東南アジア研究センターは鴨川沿いにあって、その岸には桜の大木の列があった。それで私はその下に座りに行った。花見とはこんなに寒いものかというのが私の第一の印象であった。魂なんてあくがれ出る気配がないのに蕾のときから散るときまで毎日行った。桜の表情も大文字山と同じで毎日変わった。花弁が透けて大空の光がまぶしく見えるときもあれば、銀箔に見えるときもある。雨の日は重たげで痛々しい。そんなことは分かるのだが、一向に心は動かない。そのうちに私は、少し酒を入れた。こうした方が出易いのではないかと思い、缶ビール持参でこれをやった。そもそも染井吉野というのがいけないのではないかと思って、山桜を見に吉野などに出かけた。しかし、ほとんど何の兆候も得られなかった。魂はあくがれ出はしなかったのである。

実はこの実験は東南アジア研究センターを辞めて、滋賀県立大学に行ってからも続けた。新しい大学に行ってからは環境が良くなったので、もっと本格的にやった。一升瓶をナップサックに入れて、自転車で、目星をつけておいた巨木の下に行った。たいてい、良い木の下は駄目だった。花見客が先に陣取っていて、宴会などやっているのである。だから少し離れた木で一人で酌をした。一番熱心にやっていた頃には雨の日もやった。雨の中で傘をさし、横になって見ていたら、道を行く中学生らしい二人連れが、「誰か死んでる」と言って通り過ぎたことがあった。ちょっと舞台装置の整え過ぎだったかもしれないが、半酩酊で、般若心経を聴きながら桜の下に座るというようなこともやった。それでも、結局は成功しなかった。魂はあくがれ出ることはなかった。ただ、あるとき、自分の座っている桜の木が樹冠からエアカーテンのようなものを垂らして、私を外界と遮断したように感じたことがある。すぐ近くを通る人の話し声が一〇〇メートルも遠くの声に聞こえた。それが十数分間続いたのである。一度この状態が起こってからは、この状態は別の日、別の場所でも比較的よく起こるようになった。

私の見えないものを見る訓練は必ずしも成功しなかった。しかし、私はこういうものが見えるようになれば他者理解もずっと進むだろうと思わせられるような現場にいくつかぶつかっていたのである。例えばこんなことがあった。まだ稲の収穫量の調査をしている頃、ジャワで「穂摘みは能率が悪いから、鎌で根刈りしたらどうですか」と言ったことがある。すると、「そんなことをすると稲がかわいそうだ」と言われた。あの、かわいそうという言葉を理解したかったのである。また、こんなこともあった。スラウェシの山中で出会った男は「砂糖ヤシの生えている近くにココヤシを植えてはいけない。砂糖ヤシが嫉妬するから」と言っていた。また、こんなこともあった。スンバワで稲作業をしている人に話を聞くために田を横切って歩いて行ったら、途端に「豚を一匹出せ!」と言われた。「あの田はパリマ（禁忌）がかかっているから歩いてはいけないのだ。許しを得るために豚を犠牲に捧げねばならない」と言われた。私たちは豚代を支払って許しを得てもらった。これらは皆同じなのである。何か私には見えないものがそこにはある。

そもそも東南アジアにはいっぱい儀礼がある。農耕儀礼に始まって、冠婚葬祭、そして右に見たように儀礼とはいえない小さなものまで。東南アジアにはそういう意味で精神世界がきわめて広範に広がっている。見えないものは存在しないのだ、などと言って簡単に片付けてしまうことはできない。少なくとも彼等の世界を少しでもよく理解しようとするなら、この見えないものを見る訓練をしなければならないのだ。

この訓練はしかし、結局うまくいかなかった。

勉強会

どこの研究所でも勉強会を行う。その意味では私たちが勉強会を行ったといっても珍しいことでも何でもない。ただ、私たちはその勉強会を嬉々としてやった。一人で本を読むより、皆で集まってワイワイやる方が好きだった。勉強か遊びか分からないようなところがあった。実際、しばしば勉強会は酒宴になだれこんでいった。そして一〇時、一一時になった。こんなことは東京ではあまり見られなかったようである。このことを東京の友人たちに言うと、「東京では一時間半ぐらいかけて電車で家に帰らねばならないのですから」といっていた。そういえば、小さい京都の町では家はすぐそこにある。いざとなれば歩いてでも帰れるような距離にある。

ともあれ、私たちの勉強会は時間制限など無視して、のめり込むように行うことが多かった。私の印象に残っているものの一つは、先にも書いたが桜井由躬雄さんとのものだった。毎日、床に大きな地図を広げ、漢籍を読んでは地図と見較べた。読んでいる漢文の内容が、たとえ政治や経済の問題であったとしても、周りの風景や、人々の生活まで実際にイメージできるまでやろうというのだから大変である。地図だけでなく、時には航空写真や風景写真まで引っ張り出してくる。こんなことをやっていると、つい夜遅くなってしまう。食パンをかじりながら夜を徹してやったこともあった。

こういう勉強会はまたごまかしの利かないことにもなる。桜井さんの漢文の知識と私の地形学の知識を単純に交換し合っているのではなく、もっと広範なこと、その間を埋めるあらゆる知識を必要とするような作業だったから、おのずと教養の程度、実力の程度というのが分かることになる。外見だけでとりつくろって終わるという訳にはいかないのである。知識だけではなく、しばしば生き方といったことが問題になるような場面もあった。正直言って、私はこの勉強会を、お互いに違った武器を持った二人の武芸者の真剣勝負のように感ずることがあった。

矢野暢さんのやってくれた勉強会もちょっとしたものだった。すでに述べた『中央公論』の特集のときである。坪内、立本、土屋、それに私が分担執筆ということになったのだが、特集の主旨を踏まえたものでなければならないということで、何回も勉強会が行われた。特に、高谷はこの種の分野では素人だからということで、徹底的にしぼられた。私は草稿を書いて、そのコピーを上記の三人と矢野さんに渡すように命じられた。勉強会ではその草稿を読んだ四人が言いたいことを言うのである。「それでは、このコメントをよく考えて、もう一度書き直して下さい」。書き直したものをまたコピーして読んでもらう。あの、『中央公論』の「新生態史観モデルを求めて」はこうして三回書き直した結果である。あの論文がよくできたものだったかどうかは分からない。私が言いたいことはその論文の質ではなく、そういう勉強会が行われていたということである。雑誌の後、しばらくして、今度は新書で書けということになった。このときも同じだった。私が草稿を仕上げると、それをコピーして、先のメンバーに読んでもらった。このときは部厚いものだから、とうてい短時間ではやれないということになって、泊り込みでやった。

私たちの勉強会や研究会はこのようにして、のめり込んでいくところが特徴だった。時間だけでなく、話題の範囲においてでもある。そして、しばしば私生活などにも触れることになった。矢野さんはしばしば「今、京都学派の伝統を継いでいるのは私たちです」と言っていた。あの頃は、自分たちはそんなに偉くないのだから、またいい加減なことを言っておだてていると思っていたが、あながちそうでもなかったのかもしれない。学問を生活から遊離させず、何もかもいっしょくたにして、しかも仲間でそれをやっていく。それが京都学派の一つの特徴だと思うのだが、そういう側面で見る限り、あの頃の東南アジア研究センターは京都学派の伝統を体現していた、といってもいい。

第3章　世界研究への傾斜

1　地域間研究

東南アジアの域外へ

東南アジア研究センターなのだから東南アジアの研究をするのが当たり前のことなのだが、私の場合は必ずしもそればっかりをやっていた訳ではなかった。水田土壌の研究をしていた久馬さんと服部さんが南欧の水田を見に行くというと、それについて行った。イタリア、スペイン、ポルトガルと回った。

一九七六年にはヒマラヤにも行った。もと東南アジア研究センターにいた飯島茂さんが東京外大のアジア・アフリカ言語文化研究所（ＡＡ研）に転出していて、「チベット・インド文化接触地帯の研究」というので文部省科研費をもらったのでこれに入れてもらった。このときには私の農業調査は他の人たちのとは違うということで一人旅を許された。シェルパと六人のポーターを雇って二か月余りのトレッキングをした。これらはいずれも、もともとはといえば旅好きの衝動で動き出したようなところがあったのだが、結果的には後の研究に大いに役立った。

自分のイニシアティブで初めて域外に本格的な調査を行ったのはインドでだった。東南アジアとは違った水田文化があるのでそれを調査した。このとき、相棒になってくれたのはスリランカのジャヤワルダナ氏だった。二人はタミールの農林省に歓迎され、まるで国賓待遇の旅をした。

しかし、そのうち東南アジア研究センターでは異議が出るようになった。東南アジアのことをもっと真面目にやらねばならないではないか。東南アジア以外へ行くときには事前審査をしてはどうか。こんな議論も出てきたのである。私などは本当につまらない議論だと思った。そんな石頭ではとうてい大きな仕事はできないぞ。そう思ったのである。

しかし、こういう人たちを説得することはなかなか難しい。新しいことをやろうとすれば器を大きくしておかねばならない、などと言っても全く納得してもらえない。私などがそのときこうした人たちに対抗するために使っていた論理は、東南アジアの核心には稲作がある、ということであった。東

写真12● 1970年代には東南アジアの域外への調査旅行もようやく盛んになり出した。写真はミャンマーのパガンに行った時のもの。左より加藤剛（社会人類学），坪内良博（社会学），矢野暢（政治学）．右端はビルマ史の専門家の伊東利勝さん（愛知大学）．

南アジア研究は私の場合、稲作研究から始めたい、そのためには広く稲作圏を見ておく必要がある、と、こういうことだった。実際そのときはそう思っていた。植生や森林生態をやっている人たちは東南アジアは熱帯だ、ということで似たような論理を展開していた。

東南アジア研究は東南アジアを中心にやるのだが、場合によってはその周辺をやる必要がある、というふうにその後は少しずつ了解されていくようになった。私自身その後、マダガスカル、ニューギニア、中国、ブータン等々、いくつかの地域に行った。

地域間研究のはしり

後になって地域間研究というのは市民権を得るようになるのだが、はじめはそうではなかった。そのはしりが一九九一年、伊谷純一郎さんと石井米雄さんの二人によって用意された。伊谷さんは、それまで長く京大のアフリカ地域研究センターを率いていた霊長類学者である。石井さんは東南アジアの方のリーダーである。「東南アジアとアフリカ——地域間研究へ向けて」と題したシンポジウムが京都で行われた。東京からも何人かの人が参加した。

このシンポジウムが開かれたのは、地域研究が直面しかけていた壁を乗り越えるためであった。地域研究は一ヵ所だけに閉じ籠っていてもこれ以上の進展はないのではないか、むしろ、他地域と比較することによって、新しい視角も開けてき、結局、それが全体のレベルアップに繋がる、ということ

写真13●世界中の稲作を見てみたいと考えていた私はスリランカに行った．ここの溜池灌漑はひとつの典型だったからである．そのスリランカを調べるうちに，この溜池灌漑の源流はタミルナードゥにあるのではないかということになり，カウンターパートだったジャヤワルダナさんと二人でタミルに行った．そこでは相手に誤解があり，国賓待遇を受けた．

で始められたのである。そして、その手始めに東南アジアとアフリカが取り上げられたのである。五人のスピーカーが選ばれ、それぞれに自分の得意とする角度から二つの地域を比較した。私もスピーカーの一人だったが、私の言ったことはきわめて簡単なことだった。東南アジアは海だがアフリカは大陸だ、ということだった。多島海からなる東南アジアは生態的にいっても海が大きな意味を持つし、それ以上にここには海の論理に貫かれた社会ができている。これに対するとアフリカはあらゆる意味で大陸だ、と述べたのである。

この発表は不評を買った。特にアフリカの専門家からは批判を受けた。アフリカのどの部分を捉えてそんなことを言っているのだ。アフリカは複雑な構成を持っているのだぞ。コンゴ川流域の熱帯雨林帯もあれば、それをとりまくサバンナもある。西アフリカへ行くとまた全く違う別な世界がある。お前の言っているのはサバンナのことだろうが、それにしてもイメージが貧弱過ぎる。キリンをライオンが追っているようなところがアフリカと思っているらしいが、テレビの見過ぎではないか。と、いったふうな批判を受けた。

また、こんな発言もあった。二つは違う違うと、差異ばかりを強調しても何ら実のある議論にならないのではないか。むしろ比較をしよう。そして比較するなら似たところを選び出して、その二つを比較すべきだ。例えば、東南アジアだと大陸部の稲作地帯、これをニジェール流域の雑穀地帯と比較する。これならしっかりした比較ができる。そういうことをいう人もいた。いろいろの意見や批判が

写真14●マダガスカルには5世紀頃，マレーの稲作が渡って行ったというのでそれを調べに行った．ここでは180頭の牛を追いこんで行なう超大規模な蹄耕を見た．これはアフリカの遊牧とマレーの稲作の組み合わさったもので大変面白かった．写真，右端は古川久雄さん．その隣りは一時東南アジア研究センターにいてこの時案内役をつとめてくれたラクトマララさん．

あったのだが、私としては基本的なところで理解されていないという気持ちを拭いきれなかった。そもそもが、このシンポジウムではプログラムが配られた段階から齟齬があって、私はがっかりしていた。私は演題を「海と大陸」として申し込んでおいた。それなのにいざ会場に行ってみると「島と大陸」となっている。事務局が気を利かしてくれたのだろうが、これでは私の言いたいことは全く表されていない。事務局はたぶんこう考えたのである。「海」というからには「陸」だ。「大陸」というなら対語は小陸、すなわち「島」だ。そうでないと対語にはならない。こう考えて、勝手に演題を変えてしまったのだ。

私は対語などということは全く考えていなかった。比較ということも考えていなかった。むしろ、東南アジアを、そしてアフリカを、それぞれに凝視してその本質を言葉にしてみる。そうして出てきたものが、東南アジアの場合は「海」なのである。決して「島」ではない。「島」といってしまったら、もう陸の論理が出てくるもので、それは東南アジアの本質ではない。同じようにアフリカを凝視したとき、私がそこに見たものは「大陸」だった。

地域間研究というのは大変難しい。研究者が既存の研究手法を用意していて、それで両地域を比較分析してその違いを出す、そんなものではないのではないかと私は思うのである。あくまで、それぞれの地域の本質を抉り出してみる。荒っぽくてもよいから、それを出すことが最も大事なことだと私は思うのである。

写真15●稲作の特徴は何なのだろうかと思続けていた．そして，イモ文化圏のオセアニアに行った時，あ，これが特徴か，と思ったことがある．イモ栽培では一株ずつを個性のある個体として扱っているのに対して，稲作では穀粒をマスとして扱っている．作物に対する対し方の大きな違いをここに見た．写真はトロブリアンド島での私．

こうして、足並みは揃っていなかったのだけれど、とにもかくにも地域間研究という新しい段階に足を踏み入れた。このことは地域研究の前進のためには大変大きなことであった。

『地域間研究の試み』

地域間研究はその後しばらく進まなかったが、一九九三年になるとまた始まった。文部省の重点領域研究『総合的地域研究の手法確立』が始まり、そのうちの一斑として『総合的地域研究の概念』班が組織されたからである。この班長に私は指名された。私は「概念」などという抽象的なことよりも、地域間研究を具体的に推し進めることを提案し、その提案は受け入れられた。私が提案したのは、「東南アジアと南アジア」、「東南アジアと中東」、「東南アジアとアフリカ」、「東南アジアヨーロッパ」、「東南アジアと中国」の五つの具体的な研究を行い、その後で、地域間研究とは何なのかを総括しようというものであった。

具体的には次のようなやり方でやった。取り上げた二つの地域から若干名のスピーカーを出し、そのスピーカーは自分の専門の地域のことを簡単に説明し、相手の地域をどう見ているかを述べる。例えば、「東南アジアと南アジア」だと、東南アジアの専門家が東南アジアのことを説明し、合わせて南アジアについての自分のイメージも述べる。同じように、南アジアの専門家が南アジアについて述べ、東南アジアについても言及する。この二つの発言を踏まえて、他の人が自由に発言するというものである。基本的なルールはこういうことにしていたのだが、なかなか計画通りにはいかなかった。研究者が持っている興味の所在が地域ごとに相当違っていて、東南アジア研究者の私が立てた計画はやはり一面的で、うまく働かなかったのである。しかし、この点がまた面白くて、私などにはこれがまた勉強になった。ともあれ、五つの座談会がどんなものであったのか、ごく簡単に紹介しておこう。

「東南アジアと南アジア」は一連の座談会の皮切りということなので、趣旨説明をかねて私が冒頭に報告した。題は「世界単位と南アジア」とした。この頃私はすでに「世界単位」という概念を提唱していて、これで地球上を何十かの地域に区分していたのである。南アジアは私の区分では「ヒンドゥ世界」と「インド洋世界」に分けられていた。そしてインドの専門家を前にして私の南アジア観を述べた。

議論は「世界単位」に集中し、私は批判を受けた。一つは帰属意識の問題に関してである。「あなたは住民の帰属意識を重視して、それが自分たちの帰属する範囲だと住民が考える範囲を一つの単位とするというが、人々の帰属意識というのは重層的なものだ。同じ人が時には村に、時には国に帰属すると考えている。この多重性をどう処理するのか?」という質問であった。私には一番答えにくい質問だった。私は「重層性はもちろん認めます。だが、その中でやっぱり一段と強く帰属を感じている範囲があるのではないか。そして、それは他の地域と考え合わせたとき、分かるのではないか」と答えた。本当は私は帰属意識というものは、深いところではそこの生態と結びついているから、それを考慮すればよいのだ、と言いたかったがそれは言わなかった。

今、一つは先行研究との関連に関してであった。「世界を区分した研究ではトインビーの文明圏論、上原専禄の研究、板垣雄三のｎ地域論などがある。それとどこが違うのか?」という質問だった。恥ずかしながら、私は上原専禄という名前を知らなかった。しかし、私は「トインビーの分割とは視点が違うと思います。トインビーは文明を形成した地域だけに目をやっている。いわば支配者の視点に立った区分です。私はそういう視点でなく、もっと個々の地域の文化、固有性に重きを置いて描き出している。トインビーの図からは描き落とされた地域が多く浮かび上がってくる可能性があります」こんなふうに答えた。

私は質問にはあまりうまく答えられなかったが、それでもどうやら議論が噛み合って進みそうなのを感じて嬉しかった。

これに続く二つの報告では、南アジア側からは山崎元一さんが、東南アジア側からは石井米雄さんが話された。山崎さんは〈ヒンドゥ世界〉の形成について、石井さんは東南アジアのインド化について話されたので、話としては筋は通っていた。ただ、両方ともかなり歴史に傾斜した話に始終した。「東南アジアと中東」では古川久雄さんが「風土の変貌から見た中東と東南アジア」、家島彦一さんが「都市とネットワーク」、大塚和夫さんが「イスラームと〈地域〉」と題して話した。

このセッションでは私がミスを犯していた。中東側の世話役だった片倉もとこさんに、私はイスラームについて話してほしいと何度もお願いしておいた。ところが一方で座談会では「東南アジアと中東」としてしまった。イスラームか中東かで意思統一がちゃんと図られていなかったのである。

この問題は実は大変難しい問題なのである。インド、アフリカ、ヨーロッパ、中国などと地域名を冠してきたから、ここでも中東としてしまったのであるが、はたして中東という地域が意味があるのかどうかという問題があったのである。このあたりだとむしろ、イスラーム圏というのが意味がある。中東というとそのイスラーム圏の中で現代政治的に区切られた政治的産物に過ぎない、などという意見が出された。

こうして、総合討論では企画者の犯した失敗に話が集中した。しかし、結果は非難だけに終わった訳ではない。この世界には〈属地的な地域〉と〈属人的な地域〉があるのだ、ということが言い出された。東南アジアは〈属地的な地域〉だがイスラーム圏は〈属人的な地域〉であり、中東はその一部である、という結論に達した。企画した私自身の不勉強から起こった混乱だったが、地域間研究の効用を充分に示したものだった。

「東南アジアとアフリカ」は一九九一年のシンポジウムの反省もあって、他とは少し違った発表をしてもらった。巨大なアフリカの地域差を重視して、次のような発表をしてもらったのである。日野舜也さんに「スワヒリ世界の歴史と展開」、嶋田義仁さんに「西アフリカの地域構造と世界」、市川光雄さんに「内陸アフリカの生態史」、掛谷誠さんに「内的フロンティアとしての内陸アフリカ」を話してもらった。これらを受けて東南アジアの研究者が意見を述べ、総合討論に入ったのである。

議論は結局、島嶼部東南アジアと内陸アフリカに集中したが、そこではアフリカと東南アジアの違いが〈外的フロンティア〉と〈内的フロンティア〉という言葉で言い表せるのではないかということになった。東南アジアにはインド文明の到来だの、イスラーム文明の到来だのというのがあり、それを受けとめて自分を変容させ、そしてまた新しい外文明を受け入れる用意をしてきた。人も社会もフロンティアは外に向かっている。一方、アフリカの場合はそういう外部からの影響はほとんどなかった。もっと自閉的であった。東南アジアでもアフリカでも、ともに人々はよく動く。しかし、東南アジアの場合は、何か儲かるチャンスはないかとキョロキョロしていて、どこか不純だ。だが、アフリカの場合は違う。そんな不純なことは考えず、ただ動きたいから動くのだ。これは市川さんの下した結論だった。かなり感情移入的なところもあったのだが、やっぱり、二つの地域の特質はかなり鮮明に描き出せたセッションだった。

「東南アジアと中国」は斯波義信さんが「華僑史からみた東南アジア」、上田信さんが「結合のイデオロギーとしての〈輩分〉」、宮嶌博史さんが「朝鮮における〈固定化〉のシステム」について話した。ここでは中国は〈集団の社会〉として捉えたらよいし、東南アジアは、〈ネットワーキングの社会〉として捉えられるだろう、ということが話された。

「東南アジアとヨーロッパ」では川勝平太さんが「ヨーロッパを作った東洋のインパクト」、陣内秀信さんが「都市空間から見た地中海世界と東南アジア」について話し、私が「男の美学——東南アジアのコスモロジーとヨーロッパ」と題して話した。

このセッションはこれまでに行った四つのセッションとはだいぶ違ったものになった。前の四つは南アジアにしろ中東にしろ、近代ヨーロッパに支配された地域である。その地域同士で話を進めてきた。しかし、今度は勝者と敗者という組み合わせになっている。ヨーロッパの専門家の多くは世の中には普遍性があるのだという考え方で話を進めた。勝者は勝れているから勝ったのであり、だから勝者の論理は普遍論理になってよい、という考え方である。これに対して、東南アジア側は地域はそれぞれに個別性を持っている。それを大事にすべきだと主張した。ヨーロッパの専門家はまた、地域の間の関連ということを重視した。地域は皆、他の地域から学んで前進するのだというのである。ヨーロッパ側からは「そんなに個別性、固有性を大事にしていて、発展の可能性はあるのか？」という質問が出た。これに対して東南アジア側からは、「発展はそんなに大事なのか？」という反論が出た。結局、ヨーロッパ側は〈発展の論理〉を中心に出してき、東南アジア側は〈固有性の論理〉を出した。議論はいささか対決じみた雰囲気さえあった。

少し長く述べてきたが、以上が文部省重点領域研究で私が多くの人たちに参加を求めて行った地域間研究の結果である。この研究の結果は、私の編著で『〈地域間研究〉の試み』上・下巻（一九九九、京都大学学術出版会）として出版されている。

2 世界単位の考え方

生態に基礎をおいた社会

地理学においてもそうだが、地域研究においても最も基本的な問題は単位をどう設定するかということである。どの範囲を一つの纏まりとして捉え、記載するのか。あるいはどの範囲を単位として将来の地域作りを構想したらよいのか。この単位というものは何よりも先に考えねばならない事柄である。

例えば、インドネシアである。土屋健治が議論したように、この国はずっと〈想像の共同体〉インドネシア共和国を作るべく努力してきた。しかし、はたしてそれはうまくいくものなのか。もし、根本のところで相当異質なものがあったならば、いくら頭の中だけで、俺たちは一つの国を作るのだと意識しようとしても無理なことではないか。少なくとも、大変難しいことになるのではないか。一体、纏まりのある地理的範囲とはどんな範囲なのだろう。こういう設問から始まり、到達した一つの結論が、ここで議論しようとしている単位、〈世界単位〉なのである。

インドネシアをとってみると、ここには二つの〈世界単位〉があるように見える。一つはジャワと

写真16●すでに〈世界単位〉を考え始めていた私はジャワをひとつの〈世界単位〉と考えていた．そうすると，中国をどう考えたらよいのか．ひとつにすると，あまりにも巨大すぎてジャワと釣り合いがとれない．しかし，分割したら中国というのが出てこない．悩み続けていたが，中国を実際に見，中国人カウンターパートの話を聞いて，やっと答が出た．写真は四川省のラマ寺．

バリをまとめたものであり、もう一つはそれ以外の島々、すなわち昔、外島といわれたところである。この二つの地域は景色も違うし、人々の生活の仕方も違う。

例えば、ジャワとスマトラを比べてみよう。ジャワは火山島で、気候的には長い乾季があって、全体に乾いた感じのところである。火山の高みから流れ落ちてくる水を利用して稲が作られ、山麓全面が棚田で覆われる。そんな中に、いくつもの茂みの島が見える。これはマンゴーやジャックフルーツなどの果樹からなる屋敷林である。

スマトラだと、たいていのところは緑の樹々で覆われた丘陵だ。人々はそんな森を伐って焼畑をしている。焼畑というのは木を伐り、火をつけ、その灰の上に種子籾を蒔くだけである。燃え残りの木の幹などがゴロゴロしているところに蒔く。作っているのは稲なのだが、ふつうの水田の風景などとは全く違う。まさに粗放そのものである。集落もまた、ジャワの場合と比べて粗放という感じがする。ジャワの場合だと棚田の中に平土間の家がきっちりと作られている。全体に小ぎれいなのである。だがスマトラだと、森の中にじかに高床の家が建っている。

こんなに違うものだから、そこに住む人たち自身がその違いを強烈に意識している。一九七〇年代後半のことだが、ジャワの研究者といっしょにスマトラに調査に行ったとき、こんなことがあった。その研究者はインタービューに村に入るたびに「出してくれたお菓子やコーヒーには手をつけないようにして下さい。連中はブラックマジックを使いますから」というのであった。レストランに食事に行ったときも顔をしかめて言った。「これだからこの連中はいけない。魚はディプフライにするものなのです。こんなフィッシースメルのものは食えません」。川魚のスープが出ていたのである。ジャワはふつうは海の魚である。しかもそれをフライにして食うことが多い。

ジャワとスマトラではその他にも違いは多い。スマトラでは野菜や木の若葉などを生で食べることが多いが、ジャワでは煮て食べる。スマトラでは粘り気のある熱帯ジャポニカ米を蒸籠むしにして食べるが、ジャワではインディカ系の米を水炊きする。総じていうと、スマトラにはまだ本来の熱帯多雨林の生活がそのまま残っているのである。これに対して、ジャワでは生活の全体が強くインド化している。インドの影響を受けて高級化しているのである。集落レベルの生活で高級化しているだけでなく、強力な王国を作り、きらびやかな王宮文化を築き上げたという意味でも高級化している。こういうことがあってジャワの人たちは、自分たちは周りの連中とは違うと思い、またそう公言するのである。

何故こういうことになるのか。いろいろな事柄が重なり合ってこうなっているのだが、その最も基層に当るところには生態環境の違いがある。スマトラは一年中雨の降る、文字通り熱帯多雨林地帯である。樹木はきわめて旺盛に成長し、黴菌も多い。そんなところでは人間は樹木や黴菌に圧倒されてしまう。しかし、ジャワ島は違う。乾季があって乾くから樹木は少し弱く、黴菌も少ない。だから人間はその自然に太刀打ちできた。人口を増やし、水田を広げた。そんなところにインドからの文明も入ってきて、王宮もできた。と、こういう次第である。

こういうふうに考えると、ジャワがスマトラなどの外島部と違うのはその基盤にある生態が違い、歴史が違うからだ。それが違うから違った文化を作り、違った社会を作ることになった。そういうことだから、このジャワ独特の生態・文化・社会の複合、これを一つの単位にしよう。そう考えたのである。これはもう生態に基礎を置いて、長い歴史の中で築き上げられてきたものだから、そう簡単に壊れるようなものではない。これこそ、最も安定性のある地域単位としていいのだろう。これを〈世界単位〉と名付けよう。そう思ったのである。そう思って他の地域も見てみると、いろいろの地域が浮かび上がってくる。こうして、東南アジア山地、タイデルタ等々と、次々と世界単位を括り出していったのである。

交易に生きる地域

イランは国全体が高原をなしていて、纏まりのよい一つの地域を形成している。その高原では古くからアーリア系のペルシャ人たちが麦を作っている。牧畜もある。私はここをぐるぐると回った。その後で、一体海岸はどんな具合なのだろうと思って、ペルシャ湾岸のバンダルブッシェフルに降りて行った。高原からバンダルブッシェフルまでは一〇〇〇メートルの落差があり、急崖を下って行くのである。

急崖を下って行くとだんだん植生が乏しくなっていく。海岸に下りるとそこはもう完全な砂漠である。その砂漠の海岸にバンダルブッシェフルの町はあった。人口は数万なのだろうか。四、五階建ての建物が一番高い建物である。ただ、それも多くはイラン・イラク戦争中とて、爆撃を受けて壊れていた。

見る物のない町を通り過ぎて波止場に出た。するとそこには百数十人かと思われる人が荷揚げ作業をしていた。私はその人たちを見て、アッと驚いた。目についた人たちの多くはアラブ系の顔だ。黒人もいる。だが、ペルシャ系の顔をした人たちはいない。

その波止場を少し行くと、魚を揚げている人がいた。三〇人ぐらいはいた。サロンをはいているからジャワ人かと思って近づいてみると違った。バングラデシュから来ているのだと言った。毎年何十艘かで船団を組んでペルシャ湾にやって来、数か月の間、魚をとって、それが終わるとバングラデシュに帰るのだという。こういう仕事は何も近年になって始まったことではなく、大昔からあったのだ、と言っていた。

私はこうしたバンダルブッシェフルの様子を見て強烈に感じた。同じイランだといっても海岸は内陸とは全く違う、非ペルシャ的な場だ、そう感じたのである。

しばらくして、ケニアに行った。首都のナイロビ周辺ではバントゥたちのイモ作りやコーヒー栽培を見た。ナイロビはキリマンジャロとケニア山の間にある高地である。この高地から海岸のモンバサに行った。この間は約四〇〇キロメートル、サバンナと砂漠だが、道はその中をゆっくり下っていく。所々にマサイが牛を追っているのが見えた。

突然、モンバサの町に入った。最初に気がついたことは、臭いが違うということだった。ナイロビには特別の臭いがあった。あまり私の知らない、どこか生臭い臭いだった。ところがここモンバサの臭いは違う。懐かしい臭いだ。だが、どこの臭いかは思い出せない。やがて宿について町を歩いてみた。どこかで見た風景だ。入り口はどの家も厚くて重そうな木の扉である。真中に鉄のノッカーが取り付けてある。急に、アッ、そうだ！　と思い当たった。この家も臭いもパキスタンで経験したものだ。

その日の夕方、私はオールドポートというところに行った。古い桟橋には三〇人ほどの人たちが夕涼みに来ていた。私はそのうちの一人に声をかけた。しばらく話していると、その人は知人を迎えに来ているのだと言った。何でも兄弟だか叔父だかが、インドからやって来るのだという。もうそろそろ着く頃だから迎えに来ているのだと言う。「ダウ船で来るのですか？」と問うと、そうだと言う。話を聞いているうちにだんだん私は興奮してきた。この人がインド洋の向こうにあるボンベイあたりを、ついそこにあるもののように感じているのが分かったからである。ついそこにあるインドから小さい船で知人がいとも気軽に渡ってくる。

私はこの男と話した後ですっかり港というものを考え直してしまった。港町モンバサはアフリカ大陸にありながら、その内陸部とは全く違う。内陸とはほとんど無縁で、その代わり海を隔てたインドやパキスタンとはきわめて近縁なものになっている。あの香料の臭いも、厚い木の扉も、そしてこの出迎えに来ているインド人の男も。一旦そのように思ってしまうと非常によく辻褄が合うのだ。

先のバンダルブッシェフルとも考え合わせて、私は港町というものに対してはっきりとしたイメージを持つようになった。港町というのは本来、その内陸とは無縁なものだ。たとえきわめて近いところにあったとしても、内陸とは関係のないものだ。むしろ、航路によって他の港と結ばれていて、そこに全く別の世界を作っている。内陸が、例えばムギを作るペルシャ人の地域や、牛を追うマサイの地域という面的な広がりを作るなら、港は線だ。面としての広がりはないが、その代わり航路という線で繋がれて、ずっと遠くにまでも関係し合っている。交易に生きる港の世界というのは内陸の世界とは全く異質なものとして存在することを私ははっきりと認識したのである。

一旦このことに気がついてみると、この種のものはもっとほかにもあることが次々と分かってきた。インド洋岸の港町だけでなく、東南アジアの港町や、南シナ海、東シナ海に面した港町も、多かれ少なかれ、そういう性格を持っていることがはっきりしてきた。海岸の港町ばかりではない。砂漠のオアシス都市がまたそういう性格を持っていることが分かってきた。

この種の町は交易を主とし、交易網で繋がっている。それが大きな特徴だとしたが、もう一つ別の大きな特徴を持っている。それはそこの住人たちがよく動くということである。商人たちは商売のために転々と居場所を変えていく。これは農民とは大きく違う点である。農村だと、生まれたらふつうは一生そこに住む。だからこういうところには土地の文化が育つ。だが、交易都市だと違う。むしろ、常に旅人たちが外の文化や文明を持ち込み、そこの文化はすぐれて混淆的、国際的なものになる。先に述べた地域間研究「東南アジアと中東」で、中東は〈属人的な地域〉であると言われたが、あれはまさにこの点を指摘してのことであったのである。

ともあれ、最初、私は全ての地域は生態・文化・社会が積み重なっているものだと思い、それを〈世界単位〉の基本構造だと思っていた。しかし、そういうものとは違って、生態の枠を乗り越えて、盛んに動き回る社会があることを知った。これは先の生態型のものとは全く別のものと考えねばならない。私はこの型を〈ネットワーク型の世界単位〉と命名した。

大文明を作った地域

中国を訪れたときにはまた別の経験をした。そして、生態型の世界単位ともネットワーク型の世界単位ともまた違った、第三の類型を考えざるをえないと思うようになった。こういうことがあったのである。

中国を訪れるまでに私は地図の分析をしていて、ここには四つの生態区のあることに気がついていた。黄河と長江の中・下流部に広がる広大な農地が一つである。次に黄河の上流部からタリム盆地に

写真17●山田勇さん(写真中央)は独自の地域研究をやっていた．森林から地域を見るという方法である．同氏は阿部健一さん（生態学者、左端）とブータンに行く計画を持っていて，私にも声をかけてくれた．一人では入国しにくい国だったのでつれて行ってもらった．霧の尾根で強風にあおられてはためくタルチョ（旗）の音が今も耳に残っている．

かけては砂漠地帯が続いている。この砂漠は中央アジアから地中海方面にまで伸びていくものである。ここにはオアシスが点々と続き、いわゆるシルクロードになっている。この砂漠の北には草原が広がっている。ここは羊や牛の遊牧の地である。一方長江より南は森林地帯である。この森林は東南アジアにまで続いていくものであり、ここには焼畑民が住んでいる。結局、中国というのは中央に農地があり、西にシルクロードを支える砂漠、北に遊牧の行われる草原、南に焼畑の見られる森林があるという構造である。東は海である。

こういう生態・生業区はよく理解しうるし、今までの経験からすれば、これら四つの地域はそれぞれに生態適応型の世界単位にしてもよいはずであった。しかし、いざそうしてしまうと、どうも落ちつかなくなった。こんなふうにしてしまったら、中国というのはどこから出てくるのだ。中国という言葉は誰でも知っている。しかも三〇〇〇年以上の歴史を持つ安定した一つの単位だ。それが出てこないではないか。それをどう考えたらいいのだ。この点が非常に気になり続けていたのである。

気になったままの状態で中国に行った。中国人のカウンターパートが決まった直後に私は私の悩みをそのカウンターパートに話してみた。すると、こともなげに彼は言った。「儒教があるからです。儒教があるから中国ができているのです」。私はびっくりした。続いて彼は次のような説明を加えた。「儒教のなかでも特に仁が重要です。仁の教えのおかげで天子は統治の力を得て、国は長く安定しているのです。毛沢東も天子です」。

彼の言うことはこういうことである。仁の教えを守る限り、天は天子を助けて国を栄えさせる。仁とは愛である。天子は愛をもって民衆を治めることを天から求められている。全ての民衆を愛することが理想だが、現実にはそんなことはありえない。民衆の間に利害の衝突があるからである。そのときに天子に求められることは、より多数の民衆を助けることである。時には少数派を押さえつけて、多数派を守らねばならないこともある。時には少数派が武力を持って多数を攻撃して来るかもしれない。そんな危険があるときには、天子はそれを早くに察知して、事前にそれを叩き潰さねばならない。そういうことをすることが仁である。ところで、中国は四種類の民からなる。中央にいるのが全人口の九〇パーセントを占める農民。この人たちは土を耕すだけで大人しい。この外に武力に長けた草原の騎馬民、経済力のある砂漠の商人たち、それからあまり力のない森の焼畑民がいる。ところで中央の農民は圧倒的な多数を占めるから、仁とはこの農民を助けるということになる。時には力でもって騎馬民や商人を叩き潰してでも農民を守ることが必要になってくる。

その友人はこう説明した後でこう言った。「だから仁の教えというのは天子にとっては非常に都合のよい教えなのです。なぜなら、これは自分の潜在的競争相手をいつでも叩き潰せる口実を与えているのですから」。そう言われれば、多くの天子は騎馬民や商人の中から出てきている。秦始皇帝がそうだし、隋の楊堅や唐の李淵もそういう人たちである。清の順治帝もそうである。だが、こういう人たちも一旦天子になると、必ず農民たちを中心にした政治を行った。そして、潜在的な競争相手に警戒を怠らなかった。

右の話は中国が見事な統治の論理を持っているという話だが、実際、中国はこの他にも出自の違う多種多様な人たちを引きつけるいろいろな文化装置をその中心に持っている。堂々たる都城がそうだし、その中にあるきらびやかな文物や儒教的な礼がそれである。これらを見て周辺の人たちは都に憧れを抱いたに違いない。何十という言葉があり、意思の疎通が難しかったなかで、漢字のもった意味は絶大であったに違いない。こうして、きらびやかさ、儒教的秩序、漢字の威力に引き寄せられる人たちが作る世界、それが中華世界である。さらに、このシステムは科挙制度の確立によって、もっと求心力を強めるようになった。この制度に乗って地方の俊秀たちが中央に集まり、そこからまた地方に散っていき、ここには一種の循環流ができていた。

中国はこうして実にうまく組織されている。儒教のおかげで、四つの民をひきつけて放さない仕組みができている。その中心にいるのが天子である。そして、ここで今一つ重要なことは、この天子は漢族である必要は全くないということである。儒教的秩序を中心にしたシステムを護持し続けてくれる人であればどんな出自の人でも天子になれる。

私は中国の友人の話を聞いて、やっと中華世界というものの構造を理解した。儒教という強力な思想があったからこそ、四つの生態・生業区は結びついて、中華世界という一つの〈世界単位〉を作っているのである。

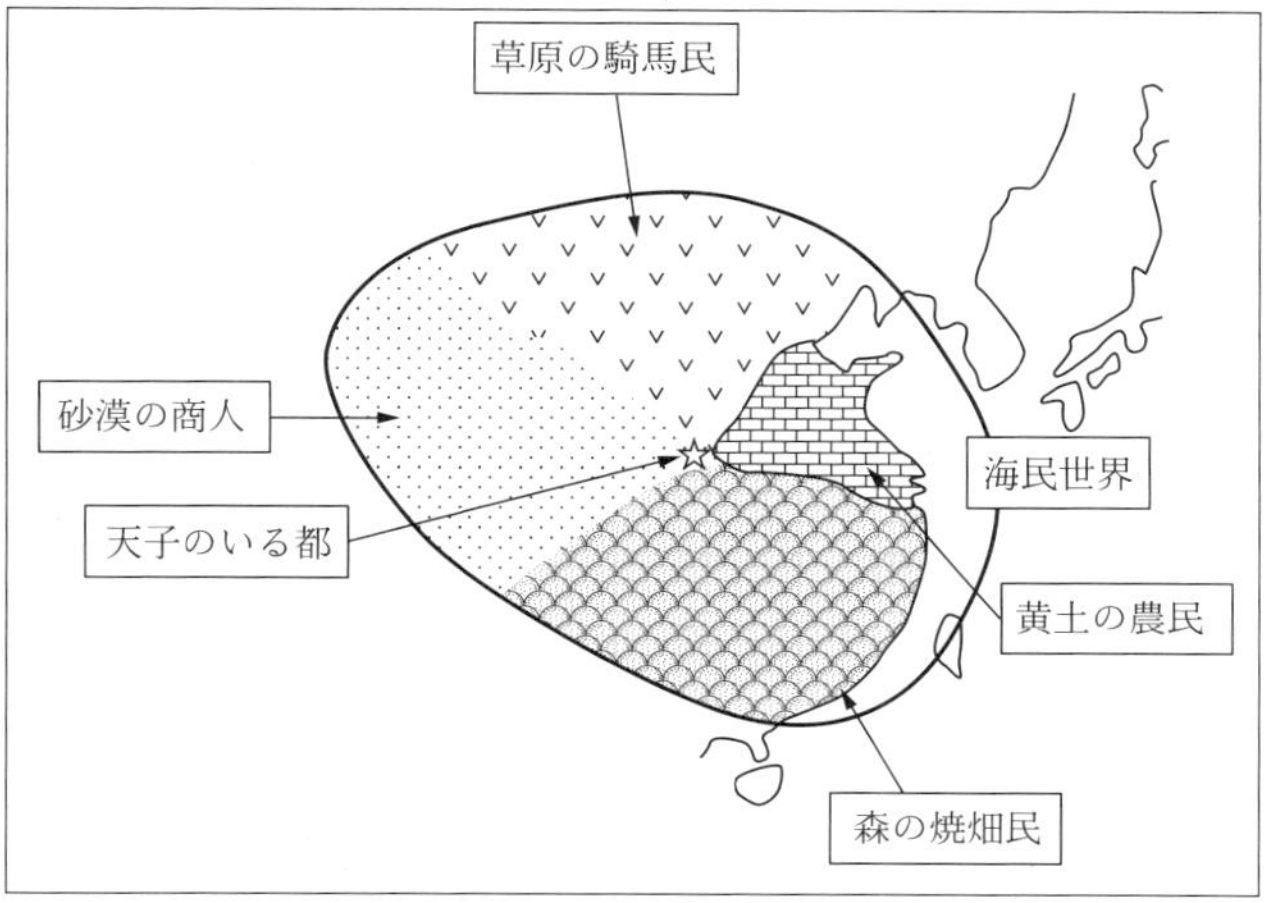

図2●中華世界の生態政治構造

後にインドが同じような巨大な世界単位を作っていることに気付いた。この亜大陸もいくつかの生態・生業区を持っている。ガンジス流域の稲作地帯、インダス流域の砂漠地帯、デカン高原の畑地帯、それに南インドの稲作地帯がある。にもかかわらず、これらは皆、ひと括りにされてインドという大文明圏を作っている。何が括っているのかというと、ヒンドゥ教とカースト制である。大思想が巨大な一つの世界単位を作っている、という点では中国の場合と同じである。

私はこの種の世界単位を第三の類型として別立てにし、これを大文明型の世界単位と呼ぶことにした。

世界単位の共生

この地球上には三種類の世界単位があることを見てきた。生態適応型とネットワーク型と大文明型である。生態適応型の世界単位は総じて小さい。火山山麓にできた小さな社会だとか、熱帯多雨林に孤立、散在する集落群である。これに対して大文明型の世界単位ははるかに大きい。中国とインドがそれだが、生態適応型に比べると何十倍、何百倍の面積と人口を持っている。ネットワーク型はこれらの二つとは全く違う。面的な広がりをせず、交易拠点を線で繋いでいく。典型的なものは海の港とオアシスの交易都市を連ねていくものである。

ところでこの三種類の世界単位は実に絶妙な共生をしている。大きな塊と小さな塊と、その間を埋める接着剤のような関係がここには見られる。かつて私はこの関係を顕微鏡の下で見られる花崗岩にたとえたことがある。花崗岩は拡大して見ると、角ばった大きな結晶の長石や角閃石と、その間を埋めている石英とからなっている。前者は自分自身の形をちゃんととっているから自形といわれている。一方、後者は相手の形に合わせてその隙間を埋めているから他形といわれている。花崗岩はこうして自形と他形がうまく組み合わさっているから、バラバラにならないで岩石として存在しているのである。もし自形の結晶ばかりで他形がなければ、これは固まりとしてはありえない。他形の果たしている意味は絶大なのである。

大文明型の世界単位は巨大な自形、生態適応型は微小な自形、そしてネットワーク型は他形、というふうに私は考えている。

自形と他形の接触面は実際にどうなっているのか。このメカニズムを説明することは相当難しい。だが、現実に見られるものの一つは、両義的性格である。そうしたところにいる人たちは両棲的な性格を持っている。両棲的な性格を持つことによって両者の間の緊張を緩め、自らも損をしない生き方をしている。中国の場合だが、例えば、私はこんな例を知っている。その家族は中国が自形性を強めたときには自分は漢族だと言っていた。中国が自形性をあまり強く出さなくなると、自分は少数民族だと言って、それなりの特典を享受していた。

ともあれ、地球世界はこうして三つの種類の世界単位があることによってうまく共生してきた。そこには調和があったとさえ言ってもよい。地球世界は本来、きわめてうまくできているのである。

3 〈世界単位〉論の評価

肉声が聞こえない

〈世界単位〉論は多くの批判を受けた。一番最初に貰った批判が「肉声が聞こえない」ということだった。これはその後に貰うことになるいくつかの批判と比べても、私にとっては最も痛い批判であった。実はこの批判がずっと気になり続けていて、私は少しずつ世界研究から遠ざかっていったのである。

この批判は龍谷大学の中村尚司さんから頂戴した。何の研究会だったか忘れたが、私が〈世界単位〉について説明し、中村さんがそれに対してコメントした。その冒頭で中村さんは、「〈世界単位〉という言葉は私は好きではない。世界を望遠鏡で見ているようで体温が感じられない。本来の高谷さんの研究方法とは全く違うのではないか。もっと自分と自分の周りを自分の目でしっかり見て、そこから考えていくべきである」というようなことを言われた。

確かに当時の私はそれまでの私とだいぶ違うものになっていた。昔だと、資料は全部自分の足と目で得ていた。文字通りの一次資料派だった。それをあまり調理もしないでそのまま出していた。しかし、その後の私は比較的多くの本や論文に目を通し、また他人の分析手法を援用したりしていた。そんな中途半端なことをするより、一次資料の収集に全力を注いだ方がいいよ、分析などしないで生の資料を提示し、何かを主張したいなら自分の内にあるものを率直に出した方がいいですよ、という忠告だった。

私は当時、それぞれの地域には個性があり、良さがある、地域の人たちはそれぞれに誇りを持っている、その誇りをこちらも感じとって、それを記述しなければならない、と主張していた。それを感じとるための力をつけるべく、木の前に佇んだりしていたのである。でもそれは実際にはなかなかうまくいかなかった。その結果、二次資料に頼る分析などしていたのである。

まことにもって図星の、だからこそ私にとったは大変痛い批判であった。

生態に偏り過ぎ

この批判は川勝平太さんから受けた。高谷の分析はあまりにも生態に偏り過ぎていて、一種の環境決定論だというのである。ふつうの社会は外部から入ってくる文化や文明に強く影響されている。それなのに、それにはほとんど目がいっていないのが問題だ、というのである。同じことなのだが、このようにも言われた。生態にばかり頼り過ぎているものだから、都市のことは議論から外されている。これは大きな問題だ、というのである。

第一点の外文明の影響ということは私なりに気にしていたのだが、専門家から見ればもちろん不十分であったに違いない。第二の都市の問題は言われる通りだった。世界単位論の中で都市は最初から外していた。欠陥だといわれればその通りだが、力がなかったので仕方なかった。

それにしても、中村さんの忠告と、川勝さんの指摘の両方を聞くことは至難の業である。川勝さんの求める方面のことを充実させようとすると、一生懸命歴史や政治や経済を勉強しなければならない。しかし、一方ではそんなことをしていると、一次資料を集めて歩き回る時間はなくなり、自分らしさも無くなっていく。大きなジレンマなのである。

それでも私は、地球世界全体のことを何とか知りたいという気持ちが大きかったから、川勝さんの指摘をその通りだと受け取り、都市のことも少しは勉強してみた。旧版の五年後に『新編・〈世界単位〉から世界を見る』(二〇〇一、京都大学学術出版会)を出したときには、「都市と〈世界単位〉」という節を新たに設けて都市のことも考えてみた。全く稚拙な議論にしかなっていないのだろうが、その時点で私が都市に関して考えていた精一杯のことを書いてみた。

写真 18●重点領域研究『総合的地域研究の手法確立』の関係でヨーロッパを見てまわった．何のかのといいながら，私自身はヨーロッパをほとんど知らなかったのでおおいに勉強になった．写真はストックホルムで，左より土屋健治さん（故人），応地利明さん，片倉もとこさん，矢野暢さん，古川久雄さん，立本成文さん，大野盛雄さん．

アメリカはどうなのか

何人かの人から言われていて、私自身も気にしていたのはアメリカのことだった。アメリカのことはそれまでほとんど触れていなかったのだが、それでは片手落ちだという批判であった。また、アメリカを例の三類型に当てはめるとするとどれに当るのかという質問をする人もいた。この問題にも私は困った。

アメリカではWASP（White Anglosaxon Protestant）が一番威張っていて、他にプロテスタントでない白人キリスト教徒もいるし、黒人もいる。アラブやペルシャやインド系の人もいれば中国人や日本人もいる。多民族の雑居社会である。メルティングポット（る壷）だといわれる一方で、いやサラダボウルだともいわれている。いろいろな見方があって、その内容については誰もが受け入れるものはまだ出ていないようである。だが私などはやっぱり、アメリカというのはちゃんと存在していて、それは一つの世界単位を作っているのだと考えている。それではその世界単位の内容は何なのか。そう詰問されているのだが、それに答えることは大変難しい。

いささか不用意な発言になるかもしれないが、今考えていることはこんなところである。アメリカはネットワーク型ではないし、まして生態適応型ではありえない。では大文明型かというとそうでもない。アメリカが強烈な自己主張をし、自形的挙動をとるという点では大文明型に似ている。しかし、ここには文明がない。人々を纏めていく思想がない。こういう意味では大文明型には入れられない。

私は実は大文明型というのは中国とインドの二つしかないと思っているのである。この二つにはちゃんとした思想がある。二〇〇〇年にわたって生き続けてきた実績がある。こういう意味では見ていて安心なのである。だがアメリカにはそういうものは全く感じられない。

アメリカと同じように、ラテンアメリカのことに関してもどう考えていくのかという質問を受けた。これに対してはブラジルのことを考えてみた。ブラジルもまた多民族の混住地帯である。しかし、ここではこの多民族がアメリカの場合よりもはるかに溶け合って生きている。ブラジルこそメルティングポットではないかと思っている。これは実際に現場を歩いて見ての感じである。このメルティンポットは一つの世界単位にしたいな、というのが私の実感である。それではこれはどの類型に入れたらよいのか。こう問われると、これまた答えに大変窮するのである。

目下の私の苦肉の策は、こういうことである。三つの類型に加えてもう一つ別の類型を立てるべきなのじゃないか、ということである。仮にそれに名前をつけるとすれば、ヴァナキュラー型ともいうべきものである。まだその内容が固まっていない、形成途中の世界単位ということである。アメリカもブラジルもまだ激しく動いている。自らの内容を固めるべく動いている。その動きはアグレッシブになることもあるし、パッシブに、あるいはイージーゴーイングに見えることもある。

このヴァナキュラー型の世界単位については都市の問題と共通する点が多い。残念ながら、私のように土着派、生態派からすると大変取り扱いにくい問題なのである。

批判への応答

〈世界単位〉論に対してはいくつかの批判をいただいた。無視されるのではなく問題にしてもらったことは、大変ありがたいことだと思っている。この試論が決して完全なものではなく、隙だらけで、時には暴論に近いものであったことは私自身よく知っている。最初にこのことを書いておきたい。

そのうえで、批判にあえて応えるとすると次のようなことである。「生態に偏り過ぎ」という批判だが、私もそれを認めたいと思う。しかし認めたうえで、「でもやっぱりこれでいいのじゃないですか」といいたい。理由は、この地球世界は結局は生態原則にそって生きていかねばならないのだし、その意味では生態の意味を充分以上に考えておくことは決して無駄ではないと思うからである。

振り返ってみると地球はこの一〇〇年ほどの間にずいぶんボロボロになってしまった。先進国と都市が欲に任せて資源の収奪をしたからである。このままの流れが続くと、地球は早晩、崩壊する。一〇〇年前まではまだそれほどひどい状態ではなかった。人と自然はそれなりにバランスを保って生きてきた。せめてあの状態をとり戻さないと、やがて崩壊してしまう。

さて、社会の未来を見据えたこの種の研究には少なくとも二つの視角がある。一つは発展する先進国や都市に焦点を当てて研究するものである。そこではカネや技術や情報の流入・流出などが中心テーマになる。何故ならそういう動きのなかで先進国や都市は成長してきたからである。もう一つは、いなかに焦点を据えるものである。ここでは人びとはその場の生態に依拠して生きている。生態とバランスを保ちながら生きている。その様を研究しようというものである。二つの研究手法は両方合わさって初めて本当の成果をあげうるものである。何故なら、これは同じ問題の表と裏の関係になっているからである。とはいえ、個々の研究者には得手、不得手というものがある。私はどう見ても前者の方法には能力がない。

こんなことも認めたうえで、やっぱり「これでいいのじゃないですか」といいたいのである。二つの局面があるのだけれど、どうも現状は後者の面が軽視されている。バランスの側面が軽視されている。理由は二〇世紀の理念だった「発展」がいまだに多くの人たちの頭にこびりついていて、まだ多くの研究者の目は発展の方に向いているからである。私などからすると、先進国研究も都市研究も、もうそろそろそれにブレーキをかけてほしいのだが、現実はどうもそうはなっていない。まだまだ発展が求められている。生態との調和を考える側からすると本当にはらはらさせられるのである。

地球はつまるところ、人と草木虫魚との共生以外には生き続けていく途はない。これが生態原則といわれるものだ。二一世紀は、生態原理を理念とする以外に生存の途はない。

私は地球上の大部分のところにはどっしりとした大地が広がるべきだと思っている。そこでは、本当の意味での生態原則が生きているような状態であるべきだと思う。そして、そうした大地の間をぬって交易のルートが広がり、いくつかの都市がある。そういうものであるべきだと思う。私のイメージする、あるべき地球世界の姿とはこんなものである。私はそんな地球世界がいいのじゃないですか、と友人たちに知ってもらうために、いささか生態に偏った〈世界単位〉群を提示してみたのである。

ただ、残念だったことは、前掲書では地球上のほんの一部のところしかこの〈世界単位〉で覆いきれなかったことである。この考えを広げるためにはもっと多くのところを、もっと時間をかけて歩き回らねばならない。それができなかったのが残念である。

第II部

地域と自分

第4章 大学での地域学

1 県立大学への転出

針の蓆

「肉声が聞こえない」、中村尚司さんに言われたこの言葉はずっと刺のようになって私の心につきささったまま残っていた。研究態度を何とかして昔のものに戻さねばならない。私はずっとそう思い続けていた。

もう一つ気になることがあった。田舎にいる父の健康が思わしくなくなって、父は家長としての務めができなくなってきていた。字での付き合いや義務が果たせなくなってきていた。それでも、数年は気にしながらも私は何とか外で頑張っていたのだが、そのうちに、こんなに苦しむのなら一層のこと故郷に帰った方がよい、だんだんそんなふうに思うようになった。

ちょうどそんなとき、平成七年度から滋賀県立大学が開学するからやって来ないかという話があった。はじめは、京大を勤め上げてから行こうと思っていたのだが、ある日、友人の御母堂のお葬式に行ったとき、不意に「今すぐ行こう」と決意してしまった。今行けば、行ってから一仕事できる。そう思うと急に気が急いてきた。一度断っておいたところに急遽お願いし直して、新設の大学に入れてもらうことになった。

私は一気に自分の前途が開けたような気分になった。そうだ、県立大学に行ったら地域研究を手触りのあるものにしよう、そう考えた。それともう一つは、いいお母さんを作ることを本気で考えよう。そう思った。地域作りの最も根幹的なところは母親作りにあると考えていたからである。

ところがこれは大きな誤算であった。誤算というか自分のいい加減さが、いざ仕事を始めるとなって一挙に露呈したのである。私はこれまで何年もの間、「地域はそれぞれに個性を持っている。地域の人たちは皆、自分たちの地域に誇りを持っている。だから、どの地域も大切にしなければならない。敬意を払わねばならない」と言い続けてきた。しかし、いざ教壇に立たねばならないということになって、ハタと窮してしまった。どうしても「私は滋賀を愛しています。生まれた村に誇りを持っています」とは言えなかったのである。自分の地域研究は何だったのか。自分は詐欺のようなことをしていたのか。そう思わざるをえなかった。いいお母さんを作るという話にも同じごまかしがある。俺は自分の家庭生活を反面教師にしてそれを語る以外に方法がないではないか。

県大の授業が始まると、まさに針の蓆であった。学生諸君にはこれ以上いい加減なことは言ってられない。「地域を愛せ、地域に誇りを持て」と言うからには自分がまず自分の故郷を愛し、誇りを持てるようにならなければならない。しかし、これは言うは易くして行うには至難の業である。実際、私はもっとひどい状況でさえあった。誇りを持つなどとは程遠く、生まれた字にはむしろ嫌悪感さえ持っていた。受け入れて貰っていないような状態であった。私は本当に困ってしまった。この頃の字と私のことは後にもう一度触れてみたい。

ともあれ私はもう一度最初からやり直すことになったのである。しかも、それまでに余計なことを言っていただけに、大きな負債を背負っての再出発だった。とりあえず、早急にやらねばならないことは自分が自分の生まれた字に落ちつきおおせることである。だが、四〇年のブランクの後にこのことを実行することは、なかなか簡単なことではない。

地域学

私の奉職したのは人間文化学部地域文化学科だった。地域文化学科とはその地域の文化、滋賀県なら滋賀の文化を中心に据えて教育、研究する学科である。地方分権がいわれていたときに、それと同じ趣旨で作られたものだった。県民の税金によって運営されているのだから県民のことをよく考えてほしいという声が県会などでは出されていた。文部省や大学当局でも大学の地域貢献という言葉が繰り返されていた。

しかし、現場は必ずしもそういう雰囲気ではなかった。多くの研究者は旧態依然として昔風に専門の科目を教えた。研究は崇高なものだから時代の風潮に流されるべきでないとして高踏的な研究を続けた。地域文化学の地域とは何かという議論が時に起こったりしたが、そんなときにも、それは何も滋賀を指すのではない、という意見の方が優勢だった。例えば、タイやヒマラヤや雲南も地域だし、カスピ海地域などというのもあるというような意見が出ていた。また、仮に県民が地域とは滋賀のことだと言ったとしても、あまりにそれに凝り固まるのはよくない、何故ならそれでは大きな展望を欠くことになり、結局は滋賀の発展には繋がらない、という意見もあった。

こうして、いろいろな考え方があったのだが私自身はやっぱり滋賀県を中心におく立場をとった。外国のことはやらないという訳ではない。外国もやるのだが、滋賀を理解するために外国を見る、という立場である。私とよく似た考えの人が二人いた。黒田末壽さんと武邑尚彦さんである。この立場は地元学といってもよいのだが、地元学といってしまうとあまりにも地元に凝り固まってしまう。かといって、いわゆる地域研究ではない。地域研究は先にも議論したように、地域間研究・世界研究へと広がっていくものである。いわばこの二つの間にあるので、地域学ぐらいがよかろうということで、私たちは自分たちの立場を地域学とした。すぐ後に、私たち三人は共同で「地域学ゼミ」というのを開設することになるのである。

こうして、私は職務の上からも地域研究から地域学へ転身していくことになった。

「美しい湖国」

地域学の私自身の研究テーマとして私は「美しい湖国」を掲げた。これは最初「滋賀を聖地に」という言葉で提唱したのだが後にこの言葉に変えたものである。聖地という語が示しているように、最初から私はいわゆる発展論者とは違った考えを持っていた。そこにあるものは、もう経済の時代は終わった、環境、環境という時代も終わった、次はもっと聖なるもの、美しいものが求められる時代だ、という考えである。

滋賀県に帰ると、時々、県の委員会に出席が求められるようなことになった。何回かそんなことがあった後につくづく感じたことがあった。それは将来構想が議論されるようなときにも誰一人として具体的なイメージが出せないということであった。知事も企画の担当者も、集められた委員たちも誰一人、これが二〇年後の、あるいは五〇年後の滋賀県です、といった像を出しえていないのだということを知った。一部の人たちは抽象的な総論を陳述するが具体案は出せない。一部の人は他府県の先行事例の紹介をやった。だが、それだけである。そんな中で現実に進んでいるのは、コンサルタントの全国共通のマニュアルに基づいた計画の提示であった。京都であろうが兵庫であろうが青森であろうが構わない。時には外国の地名を滋賀と書き換えただけのような仕様書でもって事が進められたりしているのを見せつけられていたのである。

何とかしなければならない。これでは地方分権だの地域文化だのといっている意味が全くないではないか。私はそのことを強く感じたのである。自分一人でもよい、とにかく始めてみよう。滋賀県の将来ビジョンを出してみるのだ。滋賀県立大学に奉職した自分にとっては最もふさわしい研究内容ではないか。そう思い立った時点で、すぐに私は「美しい湖国」の建設だ、それの具体的なイメージ作りだ、と、そう思ったのである。

美しい。何が美しいのか。琵琶湖が美しい、山が美しい。それもそうだが、人の生き方が美しい、心が美しい、そのことが合わさって「美しい湖国」になるのだ、そうあってほしい。と、私は最初から思っていた。当時、琵琶湖を世界遺産にしようという声も聞かれたが、単に琵琶湖が美しいだけでは何にもならない。人間を含めて美しい世界遺産にならなければ何もならない、と私は思っていた。

私の地域学はこういうことで、まず最初に目標のあるものなのである。いわば直感的に言い出してしまった目標がいかに順当なものであったか、それを証明するためのものなのである。またどうすればそれを実現することが可能なのか、その方法を考えようというものなのである。この研究はまだ進

写真19●滋賀県立大学へ転出した私は，それまでの地域研究にかえて自分学をやることにした．自分自身と生れ故郷の滋賀にこだわったのである．大学では「美しい湖国」の研究を掲げ，山や湖，それに文化財や何でもない集落を見てまわった．同僚で画家の安土優さん（写真）と一緒に歩いた．県立大学退職の時には安土さんと二人で『二人の湖国』を書いた．

行中である。最終的な答はまだ出ていない。しかし、大筋はこんなものだということは、ほぼ当りがついているので、そのことを簡単に書いておこう。

私は湖国は美しいということを、基本的には一つは景観から、いま一つは歴史から言おうとしている。第一の景観の方だが、これは見ての通りである。中央には琵琶湖があり、それを取り巻いて緑の山々がある。琵琶湖の水をきれいにし、山の緑をしっかり育てればそれで目的はかなり達せられる。

次に歴史だが、これに関しては何よりもまず、日本の歴史は近江盆地から始まっているということを皆に知ってもらいたい。奈良や京都に都が開かれる前に、日本最初の都は近江に作られている。林屋辰三郎のいう近江王朝である。景行・成務・仲哀の三代の天皇は高穴穂（穴太）に都をした。三世紀から四世紀のことだろうか。その後に王朝は河内に移り、さらに奈良へと引き継がれていった。滋賀といえば、すぐに京都の縁辺で、歴史などもたいしたものは無いのだ、などと早合点しがちなのだが、決してそんなことはない。大変なところなのだ、ということをまず最初にいいたいのである。

最近ではこういう深い歴史のことが考古学の方からもいわれている。弥生時代をとると、ここは日本中で最も濃密な遺跡の集中地域である。日本で最初の纏まった米生産地として登場している。それと同時にここは交易の一大センターでもあった。交易品の中心は早くは銅だし、後には鉄になる。こういうものが瀬戸内海と日本海から入ってきて、琵琶湖で一大拠点を作り、そこから鈴鹿山脈を越えて伊勢湾に出、東海やもっと東の関東に広がるのである。現代にまで繋がってくる、情報の一大結節点という特徴はすでにこの時代に始まっている。当然、近江王朝の出現もこのことと直結していた。時代はずっと後になるが、大きな農業生産力を持ち、情報の結節点という特性は中世の惣村の出現や近江商人の活動に繋がっていく。惣村の出現は百姓たちが自治的なムラを作ったということで、パリの市民革命にも似た革命的な意味を持つものだった。こんな大仕事が近江を中心にして成し遂げられたのである。私たちはこのことを誇りに思ってよい。近江商人の出現は先の弥生時代の銅や鉄商人たちの動きに比べてよいのだろう。彼等は当時の日本の中では、最も早く、かつ鋭感に国際経済のブームに乗って動き出した人たちだったのである。

惣村の出現とそれの熟成はここにムラ文化を生み、育てることになった。人々が地縁共同体として生きていくノウハウを作り出した。それは外見からすると決して華々しいものではなかったが、皆でいっしょに感謝の気持ちを持って草木虫魚とも、ともに、つつましく生きる、という意味では実に美しい生き方であった。

歴史を振り返ってみるとこういうことが分かるのである。これらの全ては皆、大変大きな意味のあることではないか。こんな歴史を私たちは誇りに思ってよいのではないか。これが私の考えていることである。

素晴らしい自然を持ち、こんなに誇れる歴史を持っているのだから、このことをぜひ真正面に据えていろいろなことを考えてみたい。県の将来構想の立案に際してもそうである。例えば、他地域の開発計画の安易な借用でなく、自分たちの宝を生かした、滋賀ならではのものにしたい。と、そのように思うのである。

県立大学に奉職して、私が地域学の研究テーマとしたのはおよそ右のようなものであった。ちなみに付け加えると、私は二〇〇四年三月に県立大学を退いたが、そのときには一緒に退職した画家の安土優さんといっしょに『二人の湖国』（サンライズ出版）を書いた。そこには右のようなことがもう少し詳しく書いてある。

2 授業とゼミ

宝物のレポート

授業には二種類ある。国や県の公務員採用試験に直接影響するからしっかり教えておかないといけないような科目の授業と、もっと一般教養的でいわば自由度の高い科目の授業がある。私は幸い後者の部類に入るものを担当していたから、かなり自由にやれた。初代の学長が、「この大学では学生を育てるのではない。学生が育つのだ」と主張し、『もっと嘘を』というような本を出しているような人だったから、私などもいわばそれに勇気づけられ、かなり奔放な授業をした。

授業では一つの工夫をしていた。それは最後に一〇分間ほど時間をとって、何についてでもよい、自由に書いてもらったのである。恋人のこと、最近行った旅行のこと、政治評価、何でもよいのである。授業に関しては、時に自分は先生の考えとは違うなどと書く人がいた。これを読むのは大変楽しかった。何せ六〇名ほど、多いと二〇〇名ほどの受講生だったから、返事をする余裕はなかったが、返事を出したい気持ちにさせられる文章もいくつかあった。そんな生徒のことはこちらも気になるし、どの子だろうかと、顔写真と照合することもあった。そのうち何人かは文章を見ただけで顔が浮かぶようになった。一つの科目で一三、四回の授業がある。それを三科目ぐらい取る学生が多いから、一人につき四〇回ぐらいそうした文章を読むのである。字も覚えるようになるし、その学生の書きそうな文章も分かってくる。ああ、いかにもあの子らしいな、と笑みながら読むことがある。九年間、全く欠かさずこれを続けてきたから、二万枚ぐらいこうしたレポートを読んだ。

二万枚というとさすがに膨大な分量になって保管場所に困り、多くは焼却してしまった。しかし、面白いなと思った文章は今も保存している。私の宝である。

ゼミの部屋

そういうことをしていると自然に親しい関係が生まれることもあり、そうした学生たちがゼミに入ってくる。もっとも私がここでいっているゼミはふつうのものと少し違う。ふつうの少人数クラスといったものではなく、クラブ活動のようなものである。あるいは志を同じくする仲間の集まり、といってもよいかもしれない。

幸い私たちは二つの部屋を確保していた。仲間作りには溜り場の確保は絶対不可欠である。いつでも好きなときに集まれる、そこに行けば必ず誰かに会うことができる。そういう場所の確保は何にも増して必要である。私はこのことを京大時代に痛感していた。東南アジアの地域研究が成果をあげていたのは優秀な人材がいたからでも何でもない。私たちが「東南亭」と言っていた溜り場があって、そこでは仲間が作られていたからである。私は県立大学でもこのことは絶対に必要だと考えていた。

こういう部屋が確保できれば、そこには色合いの違ういろいろな人たちが集まることができる。先生も学生も一緒になれる。ふつうの教室と違って、一種の治外法権の場だから、いろいろなことが自由にやれる。おのずと情が通い合うことになる。ここのところがとりわけいいところである。一人の学生の詩を載せておこう。この詩は卒業論文のエピローグとして付けられたものである。

始まりはいつもこの部屋で
終わりもいつもこの部屋です。
朝、ここへ来て、コンピューターの前に座り、一日中にらめっこ。

苦手な私は四苦八苦。

できない自分が情けなくて、悔しくて、涙もたくさん流しました。

辛いと思ったことなんて、何度だってあります。

「もう嫌や」そう思って、逃げ出したことだって何度あったか知れません。

でもその度に、自分で自分を励まして、もう一度、この部屋の扉をあけました。


人一倍泣き虫で、おぼえの悪い私です。

イライラすることもあったでしょうに、それでも嫌な顔ひとつせず、最後まで面倒を見てくれた人たちがいます。

泊まり込んで作業する夜、一緒に銭湯に行ってくれる友達がいます。

ここはそんな人たちが出入りする部屋です。

そんな人たちに、感謝の気持ちを一度はたくさん、たくさん書いたけど、どうしたって書ききれなくてあふれて、あふれて仕方がないので、この際だから、書かないでおきます。

もうすぐ夜が明けます。

また今日が始まって、
この部屋が動き出します。

あと何度か夜明けが来たら、私はここを卒業します。
大好きな滋賀県立大学を卒業します。
そんな夜に書いています。

最後に一言添えましょう。
みなさんほんとにありがとう。

（中田春奈、二〇〇三年三月）

こういう雰囲気の中でこそはじめて人間作りもできるし、いいお母さん作りもできる、と私は考えているのである。

ゼミ生たち

学生たちは授業以外にいろいろな活動をする。最も目立つのは旅行である。国内では沖縄に行く者が多い。外国では中国、東南アジア、インドが多い。ふつうは二週間から一か月ぐらいだが中には一年近くかけて行く者もある。それぞれに旅に何かの意義を認めて出かける。

長期の旅行を計画していた学生が休学願いを出したことがある。こういう願い出は教授会での審議

写真20●県立大学に来てからもまだ少しは海外旅行もした．応地さんの代表する雑穀圏の調査が続いていたからである．サハラ砂漠に行った時には学生の楠君と桜井君（写真）を連れて行った．この頃はすでに私の中では，学術資料の集収と同じ程度に，ゼミの学生の教育が重要なものになっていた．

事項になるのである。休学願いの理由に、「修行のために旅に出る」と書いてあった。多くの教授たちがそれを見てゲラゲラ笑い出し、一部の教授は「不真面目だ！」と呟いていた。しかし、私自身はその雰囲気に違和感を覚えた。その学生が本当に真剣に旅行のことを考えていて、「修行」という結論を下しているのをよく知っていたからである。

私たちの周りでは少なからぬ学生が、旅こそは生きていることを実感できるものとして体ごとぶつかっていた。一人の学生は在学四年間で得たものは授業からではなく、旅からだったと明言している。「四年の間にいろいろな〈道場〉に足を運び、予期せぬ経験をし、時にはうちこわされ、生まれ変わってはまたこわされ、それの繰り返しだった」という。あり余るエネルギーをそれで解消し、いたたまれぬ不安からこうして逃れ、こんなふうにして大人になっていったのである。

いま一人の女子学生はやはり非日常を味わうために熊野古道を歩くと言い出した。高野山から那智まで山越えで歩くのである。六日はかかる。昔は人の通ったこの道も、今は通る人もほとんどなく、踏み跡が見つかるかどうかも疑わしい。もちろん、野宿は覚悟しなければならない。友人と一緒に行ったら、と勧めるのだが、「一人で行かないと意味がない」と言って聞かない。さすがに私も本気で心配しなければならない。もし事故でも起こったらと、万一のことを考えるとこちらの体が痺れてくる。

こういう旅行をする学生たちが旅での経験やその時考えたこと、自分の夢などについて語り合う。

時に酒を飲みながら何時間も語り合う。そんなことをする場がゼミ室なのである。時には教員の方から、もう少し堅苦しい話題を提供したりする。どんな家族が一番いいのだろうかとか、町といなかのどちらに住みたいかとか、死ぬことを考えてみたことがあるか、とか。波長がうまく合うと、話は延々と何時間も続いていくのである。そんなとき、私なども若かった頃、情熱の赴くままにかなり好き勝手なことをしたことや、そのために今は故郷に入りにくくて呻吟していることなども語ったりしたのである。

『人と地域』

ゼミ室は工場でもあり、ゼミ生は職人でもあった。私たちのゼミではフォーラム誌『人と地域』を出していたからである。

このフォーラム誌を創るに際しては次のような狙いがあった。第一は私たちの学科名にもなっている「地域文化学」だが、これは一体何なのかを皆で考えてみようということであった。名前だけは冠していたが、何をやるところかについては明確な指示もなかったし、ほとんどの人はそんなことはどうでもよかった。ただ困ったのは就職試験を受けに行く学生だった。「地域文化学って何を勉強するところですか?」。そう質問されると答えられなかった。先生たちの中にもそんな質問にちゃんと答えられる人はほとんどいなかった。これではいけないではないか、皆で考えよう、ということになって創ったのがこのフォーラム誌だった。

それともう一つの狙いもあった。地域というけれども、ある意味ではもっと大事なものは人だ。地域のことも考える必要があるが、そこにいる一人ひとりの個人のことも考えねばならない。成長中の学生の場合は特にそうだ。と、いうことでこのフォーラム誌には「人」という字も入れた。

さて、この『人と地域』は執筆から編集、印刷、発送まで全てを学生が自分の手で行うというのが大原則である。このフォーラム誌では一人が書いた一編の作品が一冊をなすようにしてある。その一編とそれに対する数人のコメントで一冊を作るのである。しかも、各冊ごとにその内容にふさわしい表紙絵がつけてある。だからその号は文字通りその人の号になる。執筆者にとっては大変贅沢な出版物である。

二〇〇〇年に第一号が出、二〇〇四年末までの四年間で三〇号までが出ている。このうち、約三分の一が自分自身や家族のこと、約三分の一が旅日記、残りの三分の一がその他のことについて書いている。第一の部類のものには、自分の家族は素晴らしい、自分も結婚したらこんな家族を作りたい、といった類のものが多い。村の中での相互扶助を記述し、こういう文化は残さねばならないと主張しているものもある。第二の類型の旅日記には第一のものと違って精一杯冒険した記録を記したものが多い。自分のとった行動、見たり聞いたりして驚いたことを素直にそのまま書いているから、ほほえましく、また感動させられるところも少なくない。こんなのを読むと、「旅して良かったじゃない」

と言ってやりたくなるのである。

こういう記録や主張を人に読ませる文章にする。コンピューターに入力し、写真や図なども入れてレイアウトをし、さらに印刷するのである。最近ではコンピューターを使ってカラーでプリントアウトする。いろいろな技術を必要とすると思うのだが、これを学生たちは自分で全部するのである。なかなかの総合力ということになる。刷り上ると後はホッチキス留めの製本、発送である。五〇〇部を印刷しているのだが、これは人海作戦でやる。

『人と地域』の一冊を出し終えた学生を見ると、ずいぶん実力がついたな、というのを実感する。文章力、編集力、コンピューター技術もさることながら、人間的に成長したと感ずることが多いのである。

3 地域学の手法の開発

手法のない地域学

地域学とは地域のことを研究し、より良い将来を作るための方法を考え出すことを目指した学問ということにしてみよう。このように定義してみたとしても、実際にこれをどうやるかということになると大変難しい。最も難しい問題は「より良い未来」といってもそれがどういうものであるべきかが分からないのである。ある人はもっと道路をつけて便利にすることだという。しかし別の人は、いや、道路はもういらない、森を増やそうというかもしれない。地域の人々がどういう将来をよしとしているのか、それを知ることがまず第一に必要なのである。だが、これを知る方法がない。

私は私の地域学として「美しい湖国」を考えている。しかし、果たしてこれが滋賀の人たちに受け入れられ、滋賀の役に立つかどうかは分からない。何故ならそれは私が自分一人の頭で考えているだけのことだからである。県民の前に曝してみて、「それで結構だ」といわれて、やっと正しい像だったということになるのである。これが在来からやってこられた方法である。

本来なら地域学などというのもは最初から当該地域の皆の手でやるのが理想なのである。地域学は「地域の人の手による」「地域のための学」であるべきなのだ。ところが、そういう手法はまだ開発されていない。地域学は手法がないままに、今、多くの人たちによってその必要性が説かれているのである。

五感による地域学

ところが、私たちのゼミの上田洋平君が、この地域の人たちによる地域学の方法論を開発した。同君はこれを五感による地域学といっている。同君はそれを字という地域を対象にして開発した。字の人たちが自分たちの字をどのように考えているのか、特に太平洋戦争前後の変化をどう捉えているのか、字の将来をどのようにしたいと思っているのか、そのあたりの像を浮かび上がらせるような方法を開発したのである。

具体的には上田君は次のような手順でその作業を行っている。最初に質問表を用いて字の老人全体に問いかける。悉皆調査である。次に、選ばれた少数の人からゆっくりと話を聞く。第三段階として、聞いた話をＫＪ法で分類する。最後にそれを屏風図に仕上げる。もう少し詳しく各段階を説明してみよう。

最初の悉皆調査であるが、これは五つの質問項目からなっている。「今も目に浮かぶ懐かしい風景はどんなものですか？」「耳に残る音はどんなものですか？」「懐かしい匂い」「手足や肌に蘇がえる感触」「思い出の味」、それらはどんなものですか。この五つの質問に対して思いつく答をいくつでも書いてもらうのである。目に浮かぶ風景だと、例えば、里芋の葉に乗った玉のような露、夏空に向かって咲いている白いサルスベリの花、台風に揺れる楠の大木、などであるかもしれない。肌ざわりだと、秋口に草刈に行ったときに足の裏に感じたヒヤッとした朝露の感触、冬のドッコイショの水の温かい感触などがあるかもしれない。一〇〇人以上もの人から集めるのだから、それはそれはいろいろな答が集まる。

次の、ゆっくり話を聞くという段階では、多くの話題がありそうな人から六、七名を選ぶ。こうしたうえでこの人たちに、例えば「里芋の葉に乗った玉のような露、という答があったのですが、」と持ちかけてみる。すると、ここからそれに関係した話がどんどん出てくる。Aさんがある発言をすると、「そういえば」ということでBさん、Cさんの発言も続く。そんなことを悉皆調査で得た答をもとに次々と展開していく。こうした話を二、三時間かけて聞く。これを六、七回繰り返す。十数時間を越す録音テープが残るが、これを後に文字に起すのである。

第三の段階ではこれをＫＪ法で分類する。実際の作業としてはテープから起された文章を短文に切り分ける。一つの短文は一つの情報しか含まない短文にするのである。十数時間分の文章をこうして切り分けると何百という短文ができる。これを一度全部混ぜ合わせ、その後で今度は区分けをしていくのである。そのときには、似たものを一塊にする。例えば、里芋という言葉で共通するものがあればそれは一塊になる。この塊はＫＪ法では島と呼ばれている。こうした島は何十もできるかもしれない。そしたら、今度は似たような島を近くに集めて群島を作る。似た群島をまた近くに置いて、もう一つ大きな塊が作れるかもしれない。短文の紙片を例えば模造紙の上に並べ、島や群島をマジックで囲う。こうするとやがて全体の構造が見えてくる。字の人たちがそれぞれ、てんでばらばらに行った発言から、字の人たちが意識している字の全体像が見えてくる。

ここまでですでに全体像は出ているのだが、これをより分かり易くするために屏風図にするのであ

写真21●ゼミ生の上田洋平君(中央)は地域学を大きく前進させた人である. 同君の編み出した五感による地域学, 特に屏風図の製作は画期的なものであった. この屏風画の第一号が出来あがった時, 上田君はこの画に描かれた八坂の人達を招いて発表会をした. 西川学長も見学にきた. 写真右端はゼミの教官の武邑さん.

る。基本になるのは字の家並みとその周辺に広がる稲田や畑である。稲田では草取りのために二、三人の人が並んでのたっている。畑には里芋があって、そこに玉の露が光っている。これは夏の風景である。少し離れて家の塊の間にはドッコイショが湧いていて湯気が立っている。これは冬の景色だ。春、夏、秋、冬の風景が一枚の屏風図の中に描き込まれている。これが最後に得られる成果品である。

上田君は同君の開発したこの地域学を「五感による地域学」といっている。また心象図法ともいっている。住民たちの持っているイメージを図に示しているからである。

心象図法の独創性

五感による地域学が優れているのは、全ての作業が字の人たちによって行われているからである。これこそ地域学の本道というべきである。

まず最初の悉皆調査、これは字の全員が答えている。次に代表的な何人かから詳しく話を聞いている。これも字の人の声である。上田君は録音し、テープ起こしをしているだけである。自分の意見は付け加えていない。次に、ＫＪ法。この方法が利用されているために字の人たちの声はいささかも歪められずに整理されている。

ＫＪ法の最大の特徴は集めた情報を取捨選択することなく、全て採用するということである。それから島を作り、群島を作って構造を出していく。こういうことだから、研究者の恣意は全く入っていない。回答者の答がそのまま示されている。ＫＪ法こそ住民主体の地域学を実施するときの最大の武器なのである。そして、上田君はこの最大の武器を駆使している。

しかし、上田君の地域学が本当に独創的であり、素晴らしいのは、これが屏風図にまで仕立てられているからである。何故これが素晴らしいかというと、これができ上がり、これの前に立つと一瞬にして対象にした字の全体が見える。家並があり、川が流れ、周囲には水田が広がっている。遠くには山が見える。その広がりの全体が、いやでも瞬時にして見えてくる。臨場感抜群なのである。しかも、目を凝らすと一つ一つの細部が皆、物語を持って立ち現れてくる。集落の中央にあるお寺には五色の旗がなびいていて、境内に人が集まっている。報恩講の集まりだ。お勤めの始めを知らせる半鐘の音が聞こえる。カーン、カーン、カーン、カン、カン、カン、カンカンカンカン、カン、カン、カーン、カーン。五分もすると、皆、本堂に入り、阿弥陀経を合唱するのだろう。お寺に目が留まると、こうして短い時間のうちに次々にそんなことを想い出す。隣の家の庭には自噴井が描いてある。するとまた、記憶が次々と蘇ってくる。絵の通りだ！　夏にはいつもやかんを浮かべていたな、番茶を冷やしていたな、時には西瓜を冷やしていた。そんなところに百日紅の赤い花弁が浮いていた。冬は全く違った。周りは雪で覆われていても、そこだけは雪がなく畳半枚ほどの水面が残っていて、湯気が立ち上っていた。と、そんなことを次々と想い出すのである。

屏風は大きい。だから五、六人ならその前に立てる。誰かが想い出を語ると、次々に他の人たちも話し出す。話が膨らんでいき、新たな記憶も呼び起こされてくる。こんな話をしているうちに、これが自分たちの字なのだ、それを自分たちは共有しているのだ、という共有感も生まれてくる。それに第一、この屏風図は自分たちの手で作ったのだという達成感もある。屏風図までしてしまうと、ここまでの効果があるのである。これこそ地域学が求めている一つの到達点なのである。

心象図法の活用

心象図法でき上がった屏風はいろいろな方法で活用することができる。同君が最初にやったのは大学で行った絵解きであった。会場の教室を暗くし、照明を調整すると、金色に描いた霞がパッと輝いて不思議な雰囲気をかもし出した。喧騒の現代から戦前の世界に引き戻したのである。静かに音楽が流れる中で、上田君が独特の節回しで絵解きをした。屏風の中の図の一齣ごとに物語を繰り広げていったのである。これはそれだけで立派な芸術だった。すっかり感動してしまった。屏風図に対して私が最初に得た確信は、これは芸術作品になりうる、ということであった。

その次には地元の人たちを招いての絵解きがあった。舞台の関係で特別な照明はなかったが、その代わり大勢の人たちがその前を歩き回り、絵に近づいて細部を指差し、議論なども飛び出していた。そのときに強く感じたことは、地元の人たちが、これは自分たちが作った作品だという意識をかなり強く持っていたことであった。「こんな田桶の担ぎ方やないわな。すぐ直してもらお」、なんていう言葉が出てくるのである。子供たちもその絵を見ている。「昔はこの絵のよりももっと大きな池があってな。おじいちゃんたち、船に乗ってヒシ採りに行った。ヒシて知ってるか？」お年寄りと幼い子供たちとの対話の場にもなっているのである。

絵屏風は実際いろいろなふうに活用されている。ある集落では盂蘭盆の行事の一つとして、その字の絵屏風の絵解きが行われた。また、別のところでは「ふるさと・おもいで出張授業」と銘打って、小学校に出張授業をした。このときはいくつもの班に分かれ、それぞれのテーブルにはお年寄りが先生がわりに付き、絵について何やかやと生徒に説明した。打ち解けて大変いい雰囲気だったという。

もう一歩進むと、この絵屏風を地元の人たちだけで作るということも可能になってくる。例えば、地元の若者たちが悉皆調査からＫＪ法、そして絵まで描きあげるのである。すでに方法は確立しているのだから、やろうと思えば可能なのである。上田君は「地域の知恵の地産地消」といっているのだが、まさにそういうことも可能になる。そして、これこそが地域学というものである。

五感による地域学に始まり、絵屏風に到るまでの方法論は滋賀県立大学地域文化学科の上田洋平君の独創である。こういう仕事が私たちのゼミから出たことを、私は大変な誇りに思っている。

「私はゼミ生に教わりました」

二〇〇四年三月、私は九年間勤めた滋賀県立大学を退いた。一月には最終講義をすることになった。

どういう題でするのかということになって、「私はゼミを楽しみました」ということにしておいた。一二月に申し込んでおいたのである。一月になっていよいよその日になり、横幕にこの題が書かれた演壇に上がってたくさんの人たちを見た途端に、しまったと思った。この題は少しまずい、と思ったのである。今の気持ちは、よく考えてみると少し違う。むしろ、より正確には「私はゼミに教わりました」だ。そう思ったのである。それで急遽そういう内容に切り替えて話を終えた。何故そんなことになったかというと、「先生、そんなに依怙地にならなくっていいんじゃないの。もっと楽になったらいいんじゃないの」という学生たちの言葉にすっかり自分がやられかけていたからである。県立大学に来て、九年目になってやっと、そうだなと思うようになり、この停年の日を迎えたからである。

もう少し詳しくいうとこういうことである。私はこの県立大学に奉職したとき、二つのことを自分に課していた。自分自身が故郷で生き切れるようになること、もう一つは、いいお母さんを作ること、この二つである。そしてこの二つが、私にとってはとっても重い自縛の縄になっていた。そんな自分自身の状態を抱えながら、学生と旅行し、ゼミで話をして過ごしてきたのである。毎日の昼食のときがそうだったし、月に何回かは夕方から夜にかけて酒を飲みながらいろいろと話した。旅の話、家庭の話、夢。私も話したが、学生もよく話した。そんなことを七年も八年もやっているうちに、学生っていいな、自由でいいな、奔放で羨ましいな、と思うようになっていたのである。そして、九年目ぐらいになると「先生、先生もいい加減に解き放たれなさいよ、素直に自由になりなさいよ」、そんな

写真22●最終講義では「私はゼミを楽しみました」という題で話すことにしていた．しかし，いざ演段に立つと，これよりも「私はゼミに教わりました」の方が適切だと思えたので，そういう内容で話した．県立大学でゼミ生と一緒にいた9年間の間に私は彼等から生き方，すなわち自分学のやり方を教わったのである．

学生の声に抗しきれないような状態になっていたのである。そうだな、本当にこの子たちのいう通りかもしれない。そんなふうに思うようにもなっていたのである。

それがいよいよ最終講義という段になったとき「そうだ、これは自分にとってもいいチャンスだ。俺もここらあたりでもう一度飛躍してみよう。ありがとう」と、そんな気になったのである。演壇から何人かのゼミ生の顔を見たとき、私はもう一度このことを確認し、ちょっとした決心さえしたのである。

自縛の縄が本当に解けるのかどうかは分からない。多分そう簡単には解けないだろう。解けないだろうが、今までとは少し違うはずだ。今までと違って、もう少し広い範囲が見えてきたように思う。そして、幾分気持ちが楽になったことは確かである。

私が「私はゼミに教えられました」と変更したかったのはこういうことがあったからである。

第5章 地域学の実践

1 夢を求める人たち

何かやってみたい

最近、世の中変わってきたなと思うことがある。定年を迎えた友人の中で多くが、もうひと働きしたい、今度は納得のいくやり方でやってみたいといい、実際そういう行動を起していることである。例えば、県立大学のとき同僚だった友人である。「自分のやってきた専門の研究というのがいかに意味の無いものだったのかが、この二年ほどの間にはっきりと分かった。学会で生き延びていくだけのためにせっせと論文を書いていた。今度は大学をやめたらすぐに生き方を完全に変える。退職金を投じて、本当の仕事をするつもりだ。滋賀に住みついたのだから、琵琶湖のことを本気で考えたい」私より一年遅れて定年退職する生態学者がこんなことをいうのである。京大時代の同僚の中にもこれに非常によく似た人がいる。そんなにお金を豪勢に使ってもいいのか、老後の生活はどうするのかと、側から見ると気になるほどに気前よく身銭をはたいて活発に仕事をしている。この人の場合は外国を舞台にして活動している。

定年退職とともに心機一転頑張りだす人はほかにも何人もいる。小さい私の集落の中にもいる。退職金の全てを投じて土地を買い陶器を焼く窯を作ることを計画している。畑を作り、小さいバーも併設し、そこを近隣の人たちの集まれる場にしたいのだという。「せっかくこの世に生まれさせてもらったのやから、みんなと一緒に楽しんでみたい」というのがこの人の口癖である。

何かやってみたいという人は定年退職者だけではない。若い人たちの中にもいっぱいいる。先に紹介した上田洋平君だってそうだ。ふつうのことをやっていたのでは満足できなくて、いろいろ試みているうちに心象図法というものを開発し、今はそれを使っていろいろなところで彼自身の夢を追っている。ゼミの学生の何人かが体験学習にボランティアとして参加しているのもそうだ。毎日のルーティンのほかに何か夢のある仕事をしてみたいのだ。

ちょっと見回してみても、この何かをやってみたくて、いわば抑えきれずにそれをやる人は私の周りには大変多い。旅は道場だといっていわば衝動的に旅に出る人、せめて学生のうちはといって、クラブ活動に没頭する人だって同じだ。閉鎖的な社会に窒息しそうになり、自分自身にも満足できず、自分の体に穴をあけたくて何かをやろうとし、あるいはやってしまっている人は大変多い。かくいう私自身もそういう一人かもしれない。

私にとっての下之郷遺跡

何かボランティア的な活動をしてみたい。実際、ボランティア的な活動の場はいくらでもありうる。小学校の体験学習を手伝うのもそうだし、そんな目立ったものでなくともよい。ポイ捨てされた紙屑や吸い殻を一人で拾って歩くのもよい。村中の道の草を抜くのもよい。ただできることなら、本当にそれが好きになれて打ち込めるものであってほしい。ところで、ラッキーなことに私にはそれが見つかった。地域学を目指してきた私にとっては、これはまことに嬉しいことである。地域学の実践ということになる。まだ進行中であるために、ここに書くのはいささか具合の悪いこともあるやもしれないけれども、とにかく書いてみよう。

結論からいうと、私は下之郷遺跡に出会い、それに関連して今少し動いているのである。下之郷遺跡というのは滋賀県守山市にある弥生時代中期の遺跡である。二〇年間ほど発掘が続いていて、最近、文化庁の保存指定を受けた。私はこの遺跡には京都にいる時分から興味を持っていた。ここから稲籾が検出されてからは特に注目するようになっていたのである。そんなところに、五、六年前、発掘担当者の川畑和弘さんから「一度来られませんか？　ずっと勉強会を続けているのです」といって誘いがあった。夜、発掘現場に行ってみると、プレハブの小屋で川畑さんを中心に一〇人近い人たちが集まっていた。勉強をしていたが、弥生食だといって妙なものを試食していた。それが面白くて時々開かれる試食会にはずっと参加することになったのである。

川畑さんたちの勉強会はいわゆる考古学の勉強会というのではなく、もっと幅広いものだった。発掘した種子や木片、動物遺体などを分析して環境考古学といったふうなことをやっていた。これには琵琶湖博物館の動・植物の専門家も加わっていた。私は大変面白いな、と思っていた。そのうち川畑さんは「遺跡は考古学者だけのものであってはならない、地域の役に立つものであらねばならない」と言い出した。私はますます面白いと思うようになった。

やがて、文化庁の指定が決まって、遺跡検討委員会というのが作られ、私は委員長にさせられてしまった。委員にはいろいろな人が集められた。考古学者のほかに、考古学以外の分野の学識経験者、市民代表、地元下之郷の住民代表といったところである。そこではいろいろな意見が出た。委員会の任務はそれらの意見をまとめて遺跡整備はどういう方向でやるべきかということを決めることだったが、多様な意見を纏めて答申を出すなどということはほとんど不可能な状態だった。そこで私は強く感じたことがあった。これだけ揉めるのは、これが地域の利害に直接関係するからだ。地域学はこういうところでこそやってみる価値があるのではないか。そう思い、この仕事を大事にすることを決意したのである。

2 遺跡に集まった人たち

基地の確保

何度かの検討委員会の結果、私の得た結論は、公式の検討委員会ではなかなか本音が出ない、ということだった。仮に本音を出し合ったとしよう。文化庁の学術重視と、市の財政担当課の考え方と、地権者の考え方はあまりにも違い過ぎる。そのまま主張し合えば永遠に話は平行線である。それではいけないということも分かっているから、実際には市の文化財担当課が苦労して折衷案を、いわば事務的に作り、それで処理するということになる。検討委員会なんて名目だけということになるのである。

この難点を少しでも克服しようとすれば、もっと時間をかけていわば腹を割って話し合える場をどこかに設けるということである。何人かで相談した結果、いつでも集まれる基地を持とうということになった。こうして、二〇〇二年一一月、遺跡の近くに基地を作った。民家一軒を借り上げたのである。無理をすれば三〇人ぐらいが話し合える。寝たい者は別室で寝ることもできる。森雄二郎君という県大のゼミの卒業生がこの家に住んで基地を守ることになった。

基地の確保は何にも増して重要である。基地さえできればそこに人は集まってくる。それが私の確信であった。

基地の常連

基地を確保するまでに私たちはすでにお互いに知り合っていた。どんな人たちがいたか紹介しておこう。三つのグループがあったのである。

まず最初に古代食研究グループである。このグループは先に述べた遺跡のプレハブで勉強会を続け、弥生食などを試作・試食していたグループである。本職は考古学者ではなく、いわゆる家庭の主婦が中心である。絵を描いたり、機を織ったり、アクセサリー作りをしたり、土器を焼いたり、そんなことを玄人はだしでやっている人たちである。お華の先生もいる。こういう人たちがアルバイトで発掘の手伝いなどをしていたのだが、長くやってきたものだから、考古学の知識も増え、共通のテーマを持とうということになって、古代食研究に進んでいたのである。先にも言ったように研究会の後では必ず古代食の「直会」をし、それに関連した文献の紹介などもしてきた。

写真23●地域学の実践ということでやり出したのが地元の守山市での勉強会だった．下之郷遺跡の近くに民家を借りて，毎週そこで遺跡整備の考え方について議論した．写真はその勉強会の様子．左端から地元下之郷の林繁太郎さん，織物をやる立石文代さん，大崎四郎さん，考古学者の川畑和弘さん，主婦で活花の先生の岸井紀子さん，考古学の大学院生村上由美子さん．

ジイチャンズというグループもある。これは下之郷の老人会の有志である。十数名からなっている。もともとはこの地区の小学五年生が体験学習に赤米作りを始めたが、これを助けることを主たる目的として結成されたグループである。発足以来六年ほどになるが、その間毎年田植えを一緒にし、花が咲くと花芽観察を指導し、実ると案山子立てをし、刈り取りも一緒にしてきた。赤米田は四畝ほどのところだが十数人は一生懸命やっている。稲作一式ともなると、もちろんもっと多くの仕事がある。田起こし、除草、それから収穫しても後は脱穀、調整がある。こういう隠れた仕事は今のところ、ジイチャンズだけでやっている。その代わり、その仕事が終わるといつも一杯やっている。

何故こんなボランティアのようなことをやっているのかと聞くと、孫がいるからだと答える。孫にはなるだけこんなことをさせ、強い人間に育てたいのだ、という。それにご先祖の苦労も知ってほしいのだ、という。このジイチャンズの中にはこの下之郷遺跡整備予定地域の地権者も入っている。

第三のグループは滋賀県立大学のゼミの関係者である。ゼミの連中は今までから地域に出て調査やボランティア活動をしてきた。この連中の一部が下之郷の活動にも参加してきているのである。この中で最も早く下之郷に取り組んだのは森雄二郎君であった。この人は修士コースを終えて高等学校の先生をしていたのだが、下之郷が面白そうだということで、基地の管理を買って出、後にはここの仕事一筋で行くために高校教師を辞めてしまったのである。基地の大黒柱になっている人である。このほかに、やはりゼミの出身者で星野志保君という人がいる。この人は農のある生活を一生やってみたい、そのためには集まっている人たちが面白い、ということで参加している。少し遅れてだが嶋田奈穂子君が参加した。この人はデザイン専攻の学部生で、まだ若いのだが自分の建築に強くこだわっている。遺跡整備のなかで自分の夢が果たせるのではないか、ということで参加している。これが県大関係者の中の中核的な人たちである。

こうした古代食研究グループ、ジイチャンズ、県大グループが基地の常連である。この常連は基地ができたおかげで、水曜日の夕方には毎週集まるのである。古代食研究グループの伝統で食卓は賑やかである。ジイチャンズの伝統でアルコールは切らさない。こういうセッティングのうえで喧々囂々の議論が続くのである。話題はきわめて広範にわたる、しかももうお互いによく知り合っているものだから遠慮せず、歯に絹着せない発言が飛び交う。近頃ではこの集まり、少し有名になってきたから、個人でやって来る飛び入りの人もいる。

3 活動の概要

失敗した本作り

お互いに顔見知りで喧々囂々の議論が展開していたといったが、それは何か月か経ってからのことで、はじめの半年ほどは勉強会もかなりかた苦しいものだった。最初に誰かが話題提供ということで少し纏まった話をし、その後でそれを中心に議論をするというものだった。こういうふうに話題を最初に限ってしまうと、どうしても一部の人は付いていけなくなる。今から思うと、私なども張り切り過ぎて難しい話をし、多くの人たちから「先生の言っていること、さっぱり分からん」といわれた。我慢して付き合ってくれたジイチャンズに対しては特にその寛容さに感謝をしている。

それでもこんないささか強引なやり方のおかげで、方向性が出てきた。勉強会の何回分かを合わせてみると、結構下之郷遺跡の概説書風のものにできそうだったので、出版してみようということになった。しかし、目次を作って出版社に持って行くと、お金が要るといわれた。一五〇万円分を私たちが買い上げるなら出版してもよいという話である。とうていこのお金出せないから、この計画は頓挫した。一気に駆け出してまず私たちの存在を世に問うという試みは見事に失敗した。当たり前といえば当たり前のことである。

本を出すことは失敗したがそれなりの効果はあった。何せ、まとめれば一冊になるような内容である。これだけのものを話し合った私たちだったから、問題の所在がどこにあるかお互いに知るようになった。「なるほど、弥生時代の下之郷は今のトラジャに似たようなものだったのか」「それなら一度、トラジャを見に行ってみようではないか」と、そんなことになった。本の出版には失敗したが、トラジャに行ってみようという共通の目標ができることになった。

タナトラジャへの旅行

下之郷遺跡からは熱帯ジャポニカ稲が検出されている。この稲は今の日本にはない。今だとインドネシアに多い稲である。下之郷遺跡から検出された独立棟持柱付き高床建物というのはスラウェシ島のトラジャ族が今なおそれに住んでいるトンコナン（伝統家屋）にきわめてよく似ている。こういうことから、一度皆でトラジャに行ってみようということになり、トヨタ財団に助成を申請したのである。

申請した題目は「発掘された南方系農漁複合を復元し、体験学習することによって地元に対する誇りを掘り起こし、まちづくりの柱にする試み」であった。分かりにくい題だが、こういうことである。三つのことからなっている。第一は先に述べた熱帯ジャポニカ稲を中心とした農漁複合をトラジャで見てきて、それを下之郷で復元する。第二はこの復元はジイチャンズが行っている赤米作りの延長でする。すなわち学童や市民の参加を得て体験学習の形で行う。第三はこのような南方系農漁複合が日本文化の基底にあるという発見は他の地域に先駆けて、ここ守山で最初にできたことだから、この一番乗りを売り物にし、それを梃子にまちづくりを進める。と、こういうことである。幸いこの計画は認められ、私たちはタナトラジャに一〇日間の旅行をすることになった。当初計画では派遣隊員は五名だったが、計画変更をして一二名にした。考古学の川畑さんを隊長にジイチャンズの五名、古代食研究グループの三名、県大関係者の三名が一緒にトラジャに行った。

旅行の成果は今のところまだそれほどはっきりした形では出ていない。先の申請書に添っていうと、第一の建物の復元は当初考えていたよりも縮小した形で行うことになりそうである。後に少し触れるが、神殿を造るというようなことが考えられている。第二の体験学習の件に関してはとりあえずは穂摘み具を用いて穂摘みをし、横臼を導入してそれで脱穀を行う。あわせて稲作りの心も導入する。カミガミや祖霊とともに行うのが熱帯ジャポニカの稲作だということも知ってもらえるような工夫をするのである。第三のまちづくりは少し時間のかかる問題である。これは次章であらためて述べてみたい。

ところで、仲間でタナトラジャに旅行したことの本当の成果はこうした公式報告書に載るようなものとは別のところにもあったと、私は見ている。一言でいうと、本気でやる人が出てきたことである。

写真24●下之郷の勉強会では下之郷遺跡のルーツを探るためにスラウェシ島のトラジャを訪れようということになった．トヨタ財団の研究助成が認められたので，川畑さんをリーダーに 12 名が見学旅行に行った．写真は調査を無事終えて，ランテパオのホテルで記念撮影をする全員．

それまでは何のかのといいながら、この会の目標もう一つ不明瞭で雲をつかむようなところがあった。しかし、仲間と一緒に旅をし、仲間の気持ちも分かり、周りの状況も自分の目で確かめてみて、ヨシ！　これならいけると確信し、いよいよ覚悟を決めた人たちが若手の中にもジイチャンズの中にも現れたことである。例えば、最年少の嶋田はいよいよ神殿造りを決心した。そして、その決心を見たジイチャンズの何人かは、この子がそこまで考えるのなら助けねばなるまい、といったふうになってきている。

地域を創るというのは、その第一歩は仲間を作るということである。守山の家という基地の建設でその第一歩はできていたが、今度のタナトラジャ旅行でもう一歩が踏み出せたように思う。まちづくりまでにはもう何歩か進めねばならないのだが、一歩一歩やっていけばよい。私はそのように考えている。

出会いの場

勉強会に来ている人たちは、皆少しずつ違ったスタンスで勉強会と対している。一人ずつの顔を思い浮かべるとそれがはっきりしてくる。

地元のAさんたちは遺跡の整備事業を機会に自分たちの集落もうまく整備したいと考えている。遺跡公園ができるなら、景観的にも何とかそれにつり合う集落にしたいし、逆に今の集落に不釣合い

写真25●トラジャ旅行の目的のひとつは現地の独立棟持柱つき高床建物を見てきて，これを下之郷で復元するというものであった．帰国すると，早速実行ということで山に材木を取りに行った．写真は運んで来た材木を遺跡の近くに降しているところ．もっとも，高床建物を建てること自体はいくつかの問題にぶつかって中止することになった．そのかわり赤米栽培田の入口に立派な門柱を建てた．

な遺跡公園は作ってほしくはない、と考えているのである。要するに自分の集落を含めた全体計画をかなり真剣に考えている。また、すでに赤米栽培など始めているが、こういうやり方で集落の青少年を教育できる機会が増やせるなら、そんなこともやりたいと考えている。景観整備だけでなく、もっと広い面でこのチャンスが利用できればと考えている。そして、こうしたことがうまくいけば、これは守山市域全体の、あるいはもっと広い範囲に対してのモデルケースになるし、これは自分たちにとっては鼻高く嬉しいことではないか、と考えている。要するに、間違いなく近づいてきている整備計画を、可能な限り利用したいと真剣なのである。一人ずつ細かく見ていくと差はあるのだが、Ａさんのこの考え方は地元のジイチャンズには通底している考え方である。

　これに比べると古代食研究グループ（Ｂ）の興味は相当違う。彼女たちの考え方は下之郷集落をどうしようなどというふうにはほとんどならない。彼女たちは下之郷の住民ではないからである。だから、もっと一般的なことを考えている。もし、巨大なお金を投じて何かをやるのだとしたら、理想の田園都市を作りたい。森の緑があって、畠もある。畑は気の合った仲間たちで作ってその収穫物は自分たちで分け合ったり、共食の素材にする。あるいは弁当に作って一人暮らしの老人の家に配って回ってもよい。また、発掘品を並べる資料館の横には工房を作って、織物を織ったり、弥生食堂を開いたりする。

　もっともこのグループの人たちは興味の範囲が非常に広い。絵描き、機織り、銀細工、土器焼き、生け花、いずれも趣味だが、その趣味を中心に幅広い豊かな生き方をしようとしている人たちである。この人たちはゆとりの人たちでもあり、この会そのものを結構楽しんでいる。

同じ女性でも学生のC嬢はまた全く違う。Cは修行に来ているのだという。大学が面白くなくて仕方なかった。もう退学を考えていた。そんなとき、ひょんなことからこの会へやって来、大工のジイチャンに出会った。職人の素晴らしさを知って、弟子入りしたいと思った。そのうちタナトラジャ旅行の話が出てきて、それに参加した。トラジャに行ってからは神殿に興味を持ち、下之郷遺跡の整備において神殿建設は絶対に必要だと確信を持つに至った。南方の稲作はカミと不可分だからである。だが、どんな神殿を建てればよいのか。今、その設計に没頭している。

勉強会の事務局をやっているD君だとまた違う。この人は高校の先生をやめて事務局の仕事に専念している。高校を辞めた理由は、本当の教育は子供から老人までのいろいろな年齢の人の混住の場でしかできないというのが信念だからである。小学生とジイチャンズが一緒にやる赤米作りなどはその意味では理想なのだが、こういうことがもっといろいろな場で日常的に行えるようにしたいというのが希望である。この人の場合だと遺跡そのものはそんなに重要ではない。この人にとっては、この会に人が集まって来るということ自体が大事なことなのである。だが、D君はいつも言う。「遺跡があるから人が集まってくる。その意味で、遺跡は大事な存在なのだ。」

考古学者のEさんにとってはもちろん、遺跡そのものが大切である。この人の関心は他の方面にも向いているかもしれないが、最も中心的な関心事は遺跡から出せる学術的な成果である。

中学の先生Fさんの場合はまた違う。Fさんは遺跡にかかわる活動を小・中学校教育の場で使う可能性を考えている。

私（G）が考えていることも付け加えると、これはまた全く違う。私は「下之郷には海民がいた」ということをいいたいのである。これは下之郷遺跡の分析から言い出しているのだが、遺跡を文化人類学的に分析してそう言っているのである。そして、この新説を皆に知ってもらうことが狙いである。

このように見てくると勉強会の意味は微明である。遺跡を核として勉強会がある。だが勉強会に集まっている人たちは必ずしも遺跡の方を向いている訳ではない。大部分の人が外を向いている。ちゃんと遺跡そのものの方を向いているのはE氏のみである。全体としては求心的というよりは分散的である。

こんな分散的指向をもった勉強会が何故、分解してしまわないのか。答はやっぱり、多くの人たちはここにやって来れば得をすると考えているからである。例えば私の場合、ここへ来れば考古学者から新しい考古学上の情報を得ることができる。下之郷遺跡だけでなく、考古学的な分野に関してなら、かなり広い範囲の情報を得ることができる。これは私の理論を補強するために必要なことである。考古学者以外の人の考え方も私にはまた必要である。何故なら、私はこの下之郷海民論をまちづくりに利用できないかと考えているのだが、このあたりのことになると、一般の人たちの常識が大変大きな意味を持つからである。他の人たちもそれぞれに得をしていると私は思う。例えばC嬢、彼女は大学では腐っていたが、ここに来て年長の女性たちの生き方を見、職人魂に触れ、一気に精気を取り戻した。それだけでなく成長した。

この会はそういう相互作用を生み出す母体になっている。皆が一つの中心に向かって心を合わせて進んでいるというのでは決してないのだが、だからといって、簡単に分解してしまうようなものでもない。

4 遺跡をまちおこしに使う

弥生海民論

私は下之郷遺跡は守山市のまちおこしに使えるのではないかと思っている。そのことを書きたいのだが、それをいうためには弥生海民論ということについて書いておかねばならない。私は弥生海民論という新説を下之郷遺跡から発信したいのである。

私は「下之郷には海民がいた」と考えている。下之郷遺跡から検出された熱帯ジャポニカ稲、ゲンゴロウブナの頭骨、独立棟持柱付き高床建物はこの遺跡が華南から東南アジアへかけての地域と深く関係していることを示している。熱帯ジャポニカ稲というのは現在では東南アジアを中心に分布する稲である。日本にはない。これが弥生時代の下之郷では栽培されていたのである。フナをはじめとする淡水魚利用の中心といえば、カンボジアのトンレサップ湖をすぐに思い浮かべさせられる。トンレサップ湖周辺といえば、まさに稲と魚の土地だ。そこはまたフナズシの起源地ともいわれている(『魚醤とナレズシの研究──モンスーン・アジアの食事文化』石毛直道・ケネス＝ラドル著、一九九〇年、岩波書店)。独立棟持柱付き高床建物の現存地はインドネシア・スラウェシ島のタナトラジャだ。これらの事実から弥生下之郷は南方に深い関係があったと考えているのである。さらにこの熱帯ジャポニカ稲、淡水魚、高床建物というのを詳しく分析してみると、これらはモンスーンアジアの川筋に分布するもので、この地帯はいわば、稲・淡水魚文化圏とでも呼べるところであることが分かってきた。

ところで、私がわざわざ海民論としているのは、この文化圏は単に物質文化の面においてのみ存在するのではなく、精神文化、社会組織の面においても独特のものとして存在しているからである。彼等海民たちはよく移動し、移住する。森林物産を求めて動くのである。動き回るから混住し、混血する。香料などを求めて多くの外国人がやって来るから外国人とも混住し、混血する。だから、国際的である。さらに、協調的である。共存ということが身についている。

海民たちは陸系の私たちから見れば本当に特異である。その価値観は私たちのものとは相当違う。

例えば儒教などといった高級な大思想には頼らない。もっと個人的な信頼関係に基礎を置いている。仁侠的といってもよいかもしれない。だから信頼の置ける人と置けない人を瞬時にして見分け、信頼の置ける人とはきわめて密な付き合いをする。こうして巨大ではないが、その代わりしっかりとした関係がいっぱい広がっていく。そういう社会がここには広がっている。

一方またこういう面もある。この湿潤な熱帯・亜熱帯地域は森が多く、人口の稀薄な地域である。こういうところはカミガミの住みたもう地域である。人々は自分たちの住む場所とカミガミの住みたもう場を厳格に区別し、ふつうは結界を越えるようなことはしない。カミガミを恐れる人たちなのである。だが、そういう結界を破って行き来する人もいる。呪術者である。こういう人はその呪術の故に畏敬される。森で覆われたこの地はだから呪術の世界であり、カミガミの生きている世界でもある。

熱帯ジャポニカはこうした世界で作られる。この稲は必ずしも海民と直結したものではないが、海民の行きかう多島海の森で覆われた島々で作られる。カミガミの許しを得て作られる。森の伐開から播種、摘み取りに到るまで、カミガミを意識した繁縟な儀礼とともに作られる。

それともう一つ特徴的なことは彼等は稲が魂を持っていると考えている。だから、魂を持った同類として、稲を傷つけないようにきわめて大事に作る。熱帯ジャポニカ栽培の様子を詳しく書く余裕はないが、要するに、カミガミに囲まれ、魂のある稲を相手にきわめて敬虔な気持ちで栽培をするのである。これが、海民たちの世界の今一つの特徴である。華南から東南アジアにかけて広がる海民の世界というのはこうして見ると実にユニークである。勝れて国際的な感覚を持っているのだが、その反面でカミガミを信じ、同時にあらゆる周りのものと共生している。そういう人たちの世界なのである。

これは例えば中国の黄土地帯の農民の世界とは全く違う。黄土地帯だと森の暗がりなどなく、見渡す限り農地が広がっていて、そこにいっぱい人がいる。森のカミガミが恐ろしいなどという気にはなれない。恐ろしいのは人間である。役人や強盗が怖い。人々は農地に縛られていて、海民のように動き回ったりしない。静止的である。そこに儒教的教えなどが浸透している。海の世界はこういう陸の世界とは対照的である。こういう海民の世界が弥生時代の下之郷にはあった、と私はいいたいのである。下之郷だけでなく、日本全体が弥生時代だと、そういう世界を作っていた。と、そう考えるのである。

遺跡は守山市の誇り

下之郷遺跡はその意味付けの方向、整備のやり方によってはまちの誇りになりうる。また、それを梃子にしてまちおこしもできる。だからそうやろうではないか、というのが私の提案である。

ふつうの考古学の考え方でいくと、下之郷遺跡は「ムラからクニへ」の発展を示す代表的な遺跡だということになる。それまではムラ程度の纏まりしか作れなかった未熟な社会が、この頃になるとクニという大きな組織を作れるようになった。独立棟持柱付き高床建物が造られ、それらが方形の区画で囲われるなどということは王の誕生を示すものであり、これこそクニが生まれたことだ。下之郷遺跡はこのあたりでは最初に王を持ちクニを作ったところだ。だからこれは保存する価値がある。と、いうのがふつうの考古学者の考え方である。しかし、この「ムラからクニへ」という主題は本当は模倣なのである。同じことは佐賀の吉野ヶ里遺跡でいわれ、その主旨にそって遺跡整備がされた。続いて大阪の池上・曽根遺跡でもいわれて、そこでもそういう線で整備がされた。そして今度、下之郷遺跡でも同じことがいわれ、その線に沿って整備しようとしているのである。いわば三番煎じなのである。これではあまり嬉しくない。日本で一番だというのと三番というのでは魅力は全然違う。

それに第一、この「ムラからクニへ」だと、下之郷遺跡の本当に重要な第一級資料が全く生かされていない。この遺跡が日本で最初に出した第一級の資料といえば、熱帯ジャポニカ稲とゲンゴロウブナの頭骨である。しかし、それは遺跡整備の要素としては全く用いられていない。他の遺跡で言い出された「ムラからクニへ」の理論がただ借用されているだけなのである。これでは学問的誠実さという点からしても少しおかしい。下之郷遺跡の発掘結果そのものを虚心にみれば先に説明した「下之郷には海民がいた」ということにならざるをえないのである。そして、この主張なら私たちが全国に先駆けて最初にいっていることだ。これの方がずっとやりがいのある仕事だ。だから、そういう独自性をぜひ出そう。これが私の提案である。

この提案は実際にはもっと重要なメッセージをも含んでいる。それは世界に対して警鐘を鳴らし、このように生きていこうではないかという道しるべを示すことになっているからである。

現代社会は本当に末期的な状況にある。合理性、科学一辺倒ということでカミガミを殺してしまった。見えないものはありえないのだということで超自然的なものを否定し、先祖たちも消してしまった。草木虫魚に魂が宿っているなどということは考えられなくなった。だから、自然との共生などということも形だけのものになってしまった。人間同士、集団同士の付き合い方も外面だけで、しかも硬直したものになっている。オレがオレがという主張がされ、他人を認めようとしない。オレの考え方が正しいのだから、それに歯向かうお前は悪である。叩き潰さねばならない、ということですぐに暴力に訴える。こういう考え方でグローバリゼーションが語られるから、個別文化の生存などということも危なくなる。こういう流れが今では来るところまで来てしまって末世的な世界になっているのである。このまま進めば地球世界は間違いなく破滅する。

この流れを変える手段は先に述べた海民たちの生き方、考え方をもう一度取り戻すことだ。カミガミを信じ、草木虫魚と共生し、他人も他の社会も認め、柔かく弾力的に生きていく。この海民の生き方しかないのである。

だから、私の提案はこういうことである。第一は、下之郷遺跡では海民社会を復元すべきである。第二には、そこから発信すべきは敬神、万物との共生ということである。こういう願いを込めた遺跡整備を行う。これこそ私たちにとってやりがいのあることであり、またやる必要のあることではないか。そう思うのである。住民のみんなの賛同が得られるなら、これをまちづくりの柱にしたい、とそんなふうに思うのである。

第6章……地域に住む

1　安定した私の字

水田の中の塊村

私の字はきわめて安定度の高い生活の単位である。これはまた、一つの小宇宙を作っているといってもよい。これは野洲川の小さいデルタの上にあるのだが、そのデルタには一〇〇個ほどの字がある。いずれも水田に囲まれて塊村を作っていて、皆、外見的にもはっきりとした外郭をもっている。

私の字だと、昭和三〇年ぐらいまでは、だいたい一〇〇戸でやってきたのだが、その後は分家が増え、一部に外からやって来た人もあって、平成一六年の今では一六五戸からなっている。そのほぼ中央に神社があり、五つの浄土真宗の寺がある。字の住民全体がこの神社の氏子であり、字のほとんどの家は五つの寺のどれかの檀家になっている。神社はそれほど大きくはないが、それでも字一番の茂みの中にあり、式内社である。お寺はいずれもふつうの家よりは大きく、独特のソリのある屋根を持っていて、目立つものである。一般の家は分家が増えて、やや形が崩れてしまったが、それでもなお多くは槙の生垣に囲まれた、そこそこの広さの屋敷地を持っている。

字の世帯主の九五パーセントは農業をもう止めていて、町に勤めに出ていて外部との接触は密であり、字はどちらかというと寝に帰るところになってしまっているのだが、それでも結構、昔風の生活が続けられている。それは一つには年中行事というのがあって、淡々とではあるが、それが跡切れることなく続けられているからである。この様子を見てみよう。

字の一年

一月は忙しい。まず元旦には朝暗いうちに神社にお参りする。昔は太鼓が鳴らされたので誘われて家族揃って出かけた。その足でお寺にお参りし、御修正会にあずかる。これが終わると、檀家の皆で新年の挨拶を交わす。結構、儀式張った口調でやるので、ちょっと気が引き締まる。家に帰るとお雑煮をいただく。二日には知人に新年の挨拶をしに行く。一月一〇日の夜には寺勘定というのをやる。

私の寺の場合だと三四軒の檀家の全てが出席する。前年の会計報告と新年度の予算発表があり、その後直会をする。一一日夜には高谷講をやる。字の中に住む高谷姓が集まり、食事をするのである。第二日曜日には字の自治会の総会がある。朝九時に全戸が集会所に集まり、総会をし、お昼には簡単な直会をする。これはカシワメシに漬物と決まっている。それにお神酒がつく。一五日は左義長である。神社横の広場で朝六時に点火する。終わると青年団が用意したアズキ粥をもらって帰る。家によっては左義長の残り火をもらって帰って、それでゼンザイを作り小正月を祝う。一月の最終日曜日には同年会を行う。小学時代に同窓だった一〇名が集まって、近在の料理屋で一杯やるのである。

二月から六月にかけてはほとんど行事はない。五月は祭の季節で他の字では盛大な祭行事をやるところもあるが、真宗の私の字では大した行事はない。ただ子供御輿が出るだけである。その代わり、七月はまた少し忙しい。川掃除と神社掃除をする。字の中にはいくつかの小川が流れているが、それを組に分かれて掃除するのである。私の組だと、二三戸が少し涼しくなった夕方の四時に最上流に集まり、そこから泥をさらえていく。皆、長靴をはいてスコップを持ち、いかめしい格好をしているのだが、一時間半ほどで終わってしまう。どの家も自分の屋敷に接した部分は前もって草を刈り、泥をあげておくので、当日、実際に行う作業はあまりないのである。連れ立って最上流から最下流まで歩くだけである。終わると集会所の前でビールとおつまみの、ごくごく簡単な直会をして終わる。

お宮の掃除というのは鎮守の杜の手入れである。倒木を片付け、下草を刈る。それに境内の空き地の草抜きである。これは午前中に終わる。八月のお盆は、その一週間ほど前にお寺のお道具磨きをし、綺麗になった本堂で盆会を行う。

九月には一五日に菜蒔盆というのを行う。これは私の字だけの特別な行事である。開村の年には米がなくて菜を蒔いて、それで凌いだという言い伝えに従って行っている祭である。神事そのものは字の役員たちだけで行うものなのだが、夜には千燈が点され、夜店が出、賑やかに盆踊りが行われる。

一〇月には字の運動会がある。神社横の広場を会場にして行う。このときは組ごとに応援用の桟敷を設けて、弁当持ちで応援する。この日の夜には組みごとの親睦会が行われる。一〇月はまた、寺ごとに報恩講が勤められる。報恩講は真宗の開祖親鸞聖人の御恩に報ずるためのものである。その前に檀家の皆でお道具磨きをし、境内を整える。報恩講は二日がかりで勤める。これは大事な行事だから、皆、正装して出席する。報恩講が終わると、私たちの字では秋の取り入れも終わったし、一年がもう終わりだな、という気になった。今は刈り取りが随分早くなったので季節感覚がずれたが、昔はそうだった。

願い寺と檀家

字の中にはいくつものレベルでの纏まりの単位があるのだが、その一つが願い寺を単位とした檀家の纏まりである。これは真宗の場合、特に強固なものになっている。住職はもちろんいるのだが、それとは別に三人の世話役と二人の年行司というのが互選で決められて、この人たちを中心によく纏まっている。世話役が全体のことに気を配っていて、年行司の手助けを得て、主要な行事をこなしていくのである。主要な行事としては正月の修正会、八月の盆会、一〇月の報恩講だが、それぞれにその準備としてのお道具磨きや境内の掃除があるから、檀家は結構よく顔を合わせることになるのである。その中で、比較的簡単に終わる盆会についてその実際の様子を少し紹介してみよう。

八月一五日の盆の一週間ほど前に皆で本堂に集まって、真鍮製の五具足（蝋燭立一対、花瓶一対、香炉一基）を磨く。阿弥陀さん、御開山、等々といくつかの仏さんがおられるので五具足も幾組かある。それを本堂に広げた茣蓙筵の上に並べて磨くのである。主婦が多い。皆が砥の粉をつけて磨くのだが、世話役は正面に座を占めて、仕上げの乾拭きをする。この作業には一時間半ほどかかる。終わると住職と世話役の挨拶があり、お茶をいただいて帰る。皆が帰ると、世話役三人は住職を手伝って飾り付けをする。お道具磨きが終わると、適当な日を見計らってお花が立てられる。私たちの檀家には仏華を立てられる人がいるので、その人が立てる。この人は高野槙なども屋敷に植えているから、そうしたものを持って来て立てる。

盆会そのものは朝八時に始まる。報恩講などと違って盆会には多くの人は軽装で来る。ただ、輪袈裟だけは掛けて来る。住職が阿弥陀経を唱える。各席には経文集が配られているので、皆はそれを見ながら住職の声に合わせていく。阿弥陀経に続いて　正信偈が同じように唱和され、続いて和讃が詠われる。そして最後に住職によって御勧章が読まれ、法話があって終わりである。ただ、最近私たちのところでは盆会に合わせて戦没者の追悼会も行われるので、この法話は戦没者の想い出などが中心にされる。自分たちの知っている字の人の想い出が語られるので、皆一層しんみりと聞く。

盆会はこれだけで終わるので簡単なものだが、その代わりより身近な雰囲気がある。「今日は地獄の釜の蓋が開いて御先祖が帰って来られるのです。あの高野槙の木を伝って帰って来られるのやと昔の人は言われました」などという、普段は聞かれない話も聞かれる。真宗は他の宗派と違って少し抽象化され過ぎているようにも見える。他の宗派だと施餓鬼などといって目に見える形で行事があるのに対して真宗ではそういうものは少ない。しかし、盆会だとやっぱり地獄の蓋などという話も出て、皆は亡き知人や先祖に想いを馳せたりするのである。

お寺関係で行う行事としては、こうした盆会、報恩講、永代経、修正会のほかに、各家庭で行う報恩講がある。阿弥陀経と正信偈を中心にしたお勤めで、お寺で行う報恩講と同じようなものだが、ただ、個人の家で行い、お互いに参り合う。この日は各家庭で真鍮の仏具を磨き、いつもと違う上等の打ち敷きをかけ、床の間の掛軸を「南無阿弥陀仏」の名号にかけ替え、襖を外して大きな一つの部屋にして参会者を迎える。たいていは夕食後に行うのだが、三時頃から行う人もいる。

参会すると、まず仏壇に向かって手を合わせ、その家の主人に向かって挨拶をし、それから先に来ている人たちに向かって「皆さん、お参りやす」と声をかける。やがてご縁さんが到着されるとお勤めが始まる。家では簡略化しているから一日で終わるのだが、本来は御逮夜、御朝事と二日にわたって行うべきものだからであろうか、お勤めの途中で一度仏壇の扉を閉め、中休みをし、もう一度開いてからは蝋燭を変えて、あらためて正信偈を唱える。こうして全てが終わると、お茶をいただき、お供養といってお菓子の袋をもらって帰る。こうした個人の家での報恩講には数人から二〇人くらいの人がお参りする。この報恩講もたいていの家は秋に行う。

以上が例年繰り返し行われる仏事なのだが、そのほかに特別の行事も何年かに一度は行われる。例えば、御開山の御遠忌である。これは寺単位で盛大に行われる。多くのお坊さんを招いてお経を唱えるほかに、お稚児さんの行列があったりする。招いたお坊さんの接待や稚児の衣服、境内の整備などもあって、これは経済的にも大変だ。

出費といえばこのほかに本堂の修復などにも必要になってくる。それも自分たちの願い寺のもののほかに、本山の修復もある。こういうことは何年かに一度、あるいは何十年かに一度しか起こらないものだが、それらに係る出費は必ずしも小さいものではない。だから、檀家では積み立てをする。世話役の中には会計担当がいて、こういう事務を処理する。

以上のようなことがあるから、寺を中心とした纏まりは相当に強いものになっているのである。しかも、それは檀家の合議によって行われているものであるから、一軒だけが勝手に手を抜いたりすることもきわめてやりにくい。

私の字の場合、一六五戸の中に五ヵ寺があるのだが、その分布図を描いてみると、だいたい同一の檀家組を組織する人たちはその願い寺を中心にして固まっている。こういう表現は正しくないのかもしれないが、この字には五つの寺内町があって、それが一つの集落を作っている。と、そういった感じになっている。こういうことだから、そこから脱退するということはかなり難しいのである。

両隣りとオモシンルイ

檀家仲間と重複することが多いのだが、それとは別に、両隣りとオモシンルイというのがある。両隣りは文字通り、家の両隣りだが、オモシンルイというのは字の中にある濃い親類のことである。これらは日常生活の中でも常に接触がある。例えば、家の入り口に黙って野菜が置いてあったりする。ニンジンを作っていないな、と思うとちゃんと気をつけてニンジンを置いて行ってくれる。名前は書いていないのだが、その置き方などで誰がくれたかちゃんと分かる。

そういう日頃の付き合いの濃厚さもあるのだが、この二つがもっとその働きを明瞭かつ不可欠なものにするのは葬儀のときである。例えば私の父が死んだときはこんな具合だった。オモシンルイが駆けつけて、私の家の一室を葬儀本部にして、そこで全てを取り仕切ってくれた。喪主は動転しているから正常な判断のできないこともある。また、実際には直接の指示を出しにくいことが多い。だから、オモシンルイの作った葬儀本部が全権を持って、いろいろな指示を出してくれるのである。

写真26●字にはいろいろの仲間がある．これが重なりあって，しっかりした地縁社会を作っている．オモシンルイ，檀家，高谷講，同年などなどである．例えば，高谷講だと毎年正月に会食をし，3月のお彼岸の頃には兵主神社にお参りをする．写真は神社参拝後，神主を囲んで会食をしているところ．

葬儀本部はただちに必要な人間をかき集めるが、このときに最初に集められるのは喪主の同年である。集まった同年はただちに字の全戸に訃報を触れて回り、屋敷の周りの掃除などの雑用をしてくれる。同年に続いて「お手伝い」の人たちが来てくれる。この人たちは葬儀本部によって指名された人たちである。親戚や隣近所の人が指名される。この人たちは部屋の片付け、葬儀用の飾りつけ、等々の一般的な雑用もするのだが、そのほかに輿担ぎなどの決められた役割が与えられるのである。今はもう葬儀屋が入って簡略化したためにそういうことは無くなったが、昔だと野辺送りがあって、それには多くの人が必要だった。何人かの人が輿を担ぎ、それに続いて位牌持ち、写真持ち、輪叩き、提灯持ち、導師の供、盛篭持ち等々が行列を作って野辺送りをした。そういう役割をするのである。今は家に霊柩車が来て遺体を火葬場に運び、身内の人たちがそれに自家用車でついて行き、骨を拾ってきて、それで終わりである。あとは拾ってきた骨を持って寺に行き、仕上げのお経を読んでもらう。こういうことになってしまって、もう実質的な仕事はないのだが、まだお手伝いの形だけは残っていて、鴨居には半紙が貼り付けられ、それには役割表が示される。こういうお手伝いは告別式までの二日間はそのあたりに集まって談笑するだけである。実際には何の仕事もしないのだが、こうしたお手伝いにもお酒付で昼、夜の食事が振舞われる。こんなことだから、二日間はちょっとした小さなお祭のようになる。

このお手伝いとは別に「呼び衆」というのもある。これは故人が生前親しくしていた人たちのことで、この人たちを呼んで仕上げの後で直会をするのである。一人呼びとか二人呼び、家内呼びなどというのがある。個人として親しいと一人呼び、家族全体で親しいと家族呼びとなる。こうして最後に故人を偲んでもらうのである。

一〇年ほど前、私は父の葬儀を出したが、このとき、この種のやり方のありがたさを身をもって知った。周りに任せきりでも、とにかく葬儀は終えられるのである。しかも多くの知人たちに送ってもらったのだという満足感もあった。その後、いくつかの葬儀に自分自身がお手伝いなどとして参加して、やっぱりいいなと思った。「何もせんで、ご馳走よばれに来てるだけやな」などと言いながら、うろうろしているだけである。それでも、なかなかいいじゃないかと思うのである。故人もこれだけの人に来てもらえれば満足してあの世に行くに違いない、と実感したりするからである。それに、二日間、こうして一緒にいて食事をしていると、そこに居合わせた人たちとも一段と親しくなる。特に私のように日頃、字の人たちと接触の少ない者にとってはそうである。

隣近所とオモシンルイはこうしてきわめて強い繋がりのある存在になっている。故人を送らねばならない、先祖を祀らねばならないという、避けることのできない事柄の故に、この二つはきわめて大事なものになっているのである。

字という単位

こういう隣近所やオモシンルイや檀家仲間という小集団を包み込んで、ある意味ではもっとはっきりとした纏まりとして存在しているのが字である。はっきりしているというのは、水田の中に浮かぶ塊村という景観が一つだし、今一つはこれが市町村制の中での一つの行政単位になっているからである。何か公共事業をしよう、そのための補助を得ようとすると、まず字の自治会が発議する。

ところで、こうした字という単位は何も今に始まったことではない。基本的には字が稲作水利の単位になっていたから、この纏まりは昔からきわめて重要だったのである。野洲川デルタの場合だと水源は二つある。一つは野洲川に堰を作って引水するものである。堰そのものは数ヵ字もしくは十数ヵ字で共同して作るが、そこからの引水は字単位で分け合う。各字は自分たちの水路を持っていて、なるだけ多くの水を引こうとする。このために字の人たちは皆一丸となって団結し、隣の字はむしろ敵ということになる。このデルタではまた、「湯」だの「涌」といって湧水を水源とするところも多い。「湯」はたいてい数キロメートル先の他の字の地所の中にあって、字はその水利権だけを持っているのである。こんな場合だと、その「湯」から水を他人に盗まれないように自分の字まで引いて来るのだが、それがなかなか大変である。字で一丸となって大変な努力をしなければならない。稲作をとどこおりなく行うための水確保という問題があって、字は強固な団結を余儀なくされていたのである。

写真27●檀家仲間というのは私の字の場合だと，一番強力な纏まりである．お寺での報恩講，それに，各家で行う報恩講などを入れると，毎年，20回くらいは，お参りで顔を合わせることになる．お寺をとりまいて集住している様などを考えあわせると，まるで寺内町を作っているような観がある．写真は屋根修復がなって落慶法要を行っている私達．

江戸時代だとさらにこれに拍車をかけるものとして、年貢の村請けというようなことがあった。字として年貢を完納することが要求された。こういうことになると、さぼる者が出たり、落ちこぼれが出たりすることは大変困ることである。字の人たちの間の相互監視というようなことも現れるようになった。字はまさに運命共同体にならざるをえなかったのである。江戸時代が終わっても似たような状態は続いた。太平洋戦争中や戦争直後は強制供出ということで再び同じようなことが起こった。こうして、字そのものがまたきわめて纏まりのよいものになったのである。

2 字の来歴と今

地縁共同体の熟成

私の字にある己爾神社は小さいけれども式内社である。平安時代からあったということになる。今は湖岸から二キロメートル近くも入ったところにあるのだが、地形分析からすると当初は湖岸にあった可能性が大きい。また、祭神とその氏子分布から見ると、彼等は海民の小集国であった可能性がある。ここは野洲川の河口だから、この人たちは野洲川を伝って伊勢湾方面と結ぶ交易をしていた人たちだったのかもしれない。

こんな古い昔のことは想像にしか過ぎないのだが、中世に入ると、ここはしっかりとした惣村であった。アザと呼ばれる旧村だけで行われる菜蒔盆がそのことを示唆している。おそらく、鎌倉時代末になるとここは自分たちだけの水源を持って水稲耕作を行う集団の居住地になっていたのだろう。このあたりは安土に本拠を置いた佐々木六角の勢力範囲になっていたから、その配下の土豪のムラだったのかもしれない。あるいはもっと名もない農民たちの集住するムラだったのかもしれない。

この字の歴史を実感をもって感じ取れるようになるのは戦国時代からである。それは私たちの一統の系図から窺い知れる。高谷姓はこの字に十余戸あるが、それがだいたい固まって住んでいる。系図によると、何でも戦国末に、ここより数キロメートル北の地から逃げてきてここに居ついたもののようである。この頃だとまだ自衛能力を持った集団だったのだろう。

近世になると刀狩が行われ、人々は幕藩体制の中に組み入れられて、農民にならされたといわれている。おそらくその通りだったのだろう。そんなことも、こうした字にいるとよく分かる。そのうち年貢は村請けということになり、ムラすなわち字の役割は急速に大きくなっていったのだろう。纏まりのよい字が出現したのである。

ところで、纏まりとは何なのだろう。村請けということを消極的に考えると、村人の間の相互監視というような面が出てくる。抑圧的な字の一面である。だが実際の村はそういう面ばかりではなかったらしい。もっと積極的、自立的な面も持っていたようである。庄屋がいて、村の秩序や教育のことをきわめて前むきに考えていた。寺子屋で若者たちに読み書きを教え、人の道を教えていた。もちろん、お寺やお宮は信仰の拠り所でもあった。酒屋や紺屋のような地場の産業があって、結構経済的な自由もあったし、私の字などでは医者もいた。決して農民だけがいて、一方的に収奪されているというものではなかった。こういうなかから、いわゆるいなかの文化が作られていったのである。地縁的な共同体の文化が作られ、それを納得して享受する人たちの生活の場にもなっていったのである。

戦後の都市化

太平洋戦争前だと農村地帯といえば右に見たような字ばかりだった。しかし、戦後、とりわけ昭和三〇年代以降は、新興住宅団地などが現れた。守山市も「田園都市守山」の構想を打ち出して新しいまちづくりに乗り出し、景観もずいぶん変わった。

集落景観だけが変わった訳ではない。人の生活の仕方も変わってきた。会社に通う人が増えてきた。カルチャールームのような文化活動も現れるようになった。老人ホームなども多く建てられるようになった。同好会の類も多く現れた。例えば野球やサッカーの同好会、それから環境問題を考える会などなど、いくつも生まれた。私たちの作っている下之郷の勉強会もそうしたものの一つである。人々はもう字社会に閉じこもっているだけでなく、そういうところにも出かけて、そこで結構深い付き合いをするようになった。戦前と戦後の大きな違いは、戦後には価値観の多様化が起こり、帰属する集団も多様化し、重層化するようになったことである。

字の社会学

今の字は閉じた小宇宙ではない。一体どんな格好をしているのだろう。右に見た二種類の集落、古い字の集落と新興住宅団地の関係を示したものが図4である。黒く塗りつぶしてあるものが古くからある字集落であり、斜線の入っているものが新興住宅である。それとは別に、人々がそこで付き合いし、社会活動をしている同好会やサークルを中空の円で示している。こうした図をもとにして、字の社会学とでもいったものを考えてみよう。先に考えてみた下之郷の勉強会と比べてみ、また、その関連を考えてみたいのである。

まず最初に同好会やサークルの類である。これは勉強会の場合で議論したように、そのメンバーシップはルースに組まれている。そこでメンバーは頻繁に出会い、盛んに情報を交換し、お互いに楽しむことが多い。だが、それはふつうは運命共同体というようなものではない。仮にもし、そのサークルの規約がきわめて厳格なものであり、耐え難いものだと感ずれば、その人は脱退すればよい。サークルでは人々は基本的には自由意志で参加しているものだからである。

一方字は全く違う。後にもう少し詳しく議論したいのだが、要するに、これは人々がそこで生まれ、ここでは最後はそこに帰っていくところである。ここからは脱退ということがふつうは許されない。仮に一時は外に飛び出して行ったとしても、結局は強烈な吸引力の故に引き戻されてしまう。その根っ子のところにあって、強烈な吸引力になっているのは御先祖である。御先祖がこの地に居続けたという事実である。多くの人たちは一時はその字から少しの距離を飛び離れてみる。特に若いときはそうである。しかし、すぐに引き戻されてしまう。中には遠くに飛び出す人もいる。しかし、そういう人でさえ、いつの間にか故郷の字に引き戻されてしまう。本当に字から自分を断ち切って飛び去ってしまう人は例外といってもよい。

新興住宅の人たちはどうなのだろう。彼等もそこに住んでいる。その鉄筋アパートに家族と一緒に住んでいる。そういう意味では時々やって来るだけのサークルの場とは違う。だが、字とはまた相当違う。数世代にわたって永住するなどということを考えている人はほとんど皆無である。子供は成長して一人立ちしたら、職場に近い別のアパートに移る。両親が年老いたら、その新しいアパートに引き取るか、老人ホームに入ってもらったりする。新興住宅というのはせいぜいその程度のものである。こうした人たちにとっても、家族はある。両親はいるし、御先祖もいる。だが、先祖たちが住み続けているところは今いる新興住宅の地ではない。それはオジイチャンの、あるいはオバアチャンのいる故郷の田舎のムラである。

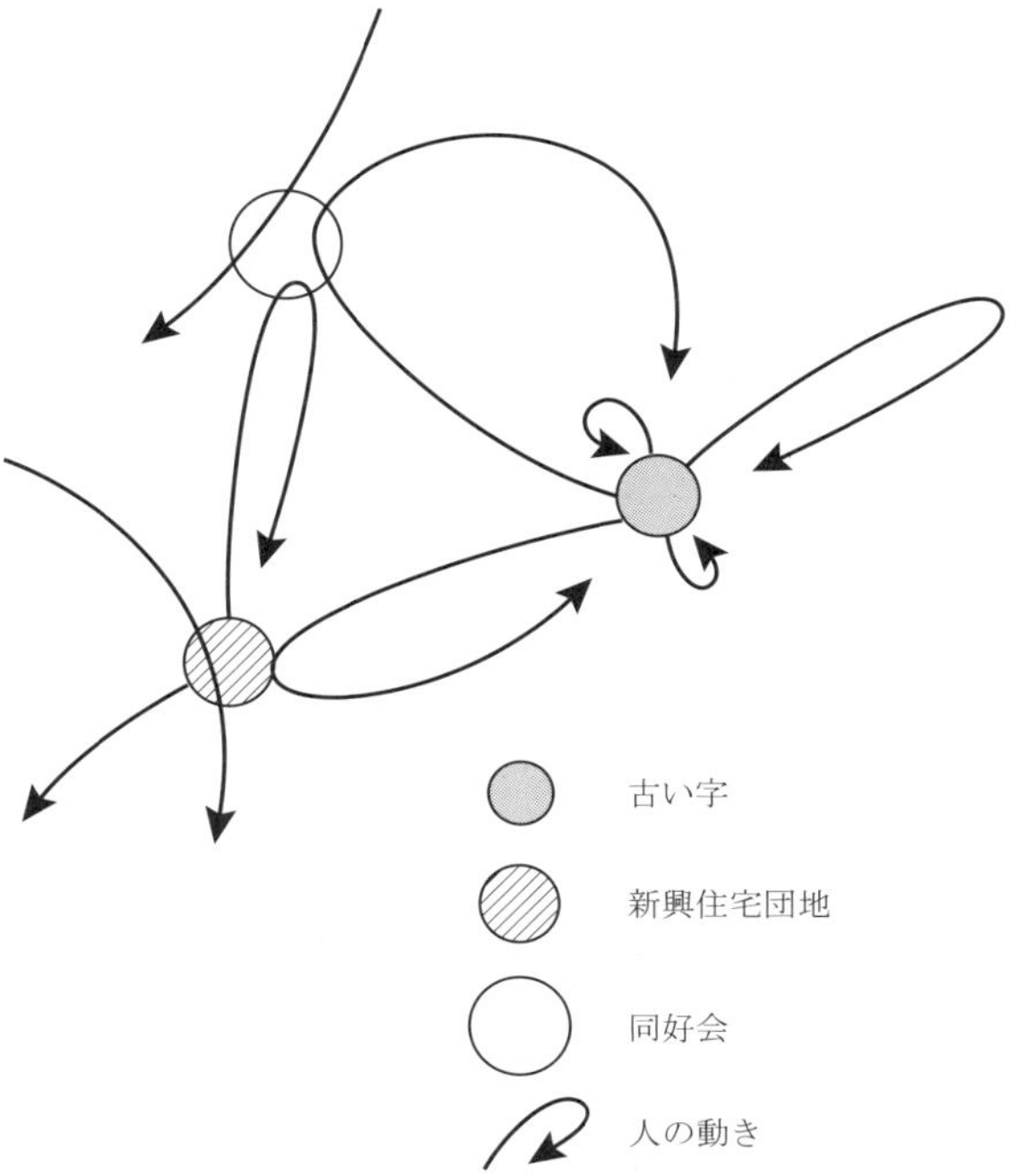

図3●古い字の人の動きの特徴を示した図

こうして見ると古くからある字はまことに特異な存在ということになる。大事な拠点だということにもなる。

ところでもう一度、同好会やサークルに戻ってみよう。これは永続的ではないが、その代わり古い字が持たない可能性を持っている。それはここが時に奇抜な夢を語り出し、新機軸を出したりすることである。何故こういうことになるかというと、ここには背景を異にするいろいろな人たちが集まってい、また彼等はそこでは基本的には解き放たれていて自由に発想し、発言できるからである。いろいろな人たちが奔放に語り合う中から斬新なアイディアが生まれてくる。そしてそれはしばしばその地域全体を導くような、時にはもっと広い範囲にも影響を与えるようなものになる。守山市の場合だと、福祉に関してそういう可能性がある。最近だと、サッカー愛好家たちがそういうものを出しつつある。私たち、下之郷遺跡の勉強会もそういう新しい考え方、世界を動かせるような考え方が出せたらな、と思っているところである。

3　字に生きるということ

納得するシニアーたち

字は纏まりのよい集団からなっているのだが、そこにいる個人はちゃんとそれに納得して生活しているのだろうか。これに対する答を聞き出すことは大変難しい。難しくて断定的なことは決していえないのだが、それを良しとし、納得している人が多いのではないかと私は思っている。

何故、良しとしているのか。理由の一つは彼等の多くが資産を持っていて、ゆったりと生活してい、それが続くことを望んでいるからである。字の人たちの多くはまず屋敷地と家を持ち、数十アールの田を持っている。飯米と毎日の野菜には事欠かない。新鮮な空気もある。これは都会の生活に比べると大変良い点である。私の字の場合だと、ふつうの家は五アールから一〇アール程度の屋敷地を持っているのだが、そこには小さい庭園を造って形のよい松を植え、小さい池を作ったりして楽しんでいる。仏様に供えるお花を作る人も少なくない。昔はそうでもなかったのだが、近年は余裕が出てきたのか家も凝っている。玄関などには立派な置物を置いたりしている。時には自分の田に生え揃った稲を見に行って満足気である。決して大資産家という訳ではないのだが、結構、その資産を大事にし、ゆとりのある生活を送ってい、そのことに満足しているのである。そして、それは御先祖から受け継いだという気があるから、ご先祖には感謝している。御先祖を祀る墓地が字のはずれにはあり、家には仏壇がある。さらにそういうものをちゃんと守ってくれているのが寺であり、檀家仲間だという気がある。だから、それらの全体を大事に守っていこうという気があるのである。

私の母なども、何かというと「こうして充分な生活がさせてもらえるのも御先祖様のお陰や」という。母が一番気にしているのは子供たちの生活のようだ。人並みに暮らしているかどうか、お互いに仲良くやっているかどうか、それが最大の関心事のようである。それがうまくいっているのも、御先祖様のお陰だと思っている。おそらく、それを感謝してのことだろう、朝、夕は必ず仏壇にお灯明を点して拝む。何かいいことがあると、例えば、畑の初物がとれたり、誰かからお菓子をもらったり、子供が賞をもらったりすると、必ず仏壇に供える。灯明を点し、「ナマンダブツ、ナマンダブツ」と唱えているが、多分、御先祖に報告しているのである。

何かというと、「御先祖のおかげや」というのだが、たまには「世間様のおかげや」ともいう。皆が助けてくれるから順調にいっているのだ、という意味である。母の心の中にはいつも御先祖と世間様がある。こういう人たちがいてくださるから何とか生きられている、という思いが間違いなくあるのである。

母の納得の構造は、しかし、実際にはもう少し広い範囲も含んでいるらしい。母は暇さえあれば屋敷の草取りをする。年をとっているから中腰になるのが辛いらしく、古座布団をビニール袋でくるんで、それに腰をおろして小さい草をせっせとむしり取っていく。何時間も何時間もやっているのである。そんなとき、何を考えているのだろう。もちろん、屋敷をきれいにすることを考えているのだろうが、ひょっとすると、全く違った境地に入り込んでいるのかもしれない。最近私はほんの少しだが、この境地が分かるような気もするのである。地面に座り込んで土をいじり、草をとっていると、何だか自分が土地に吸い込まれていくような感じになるし、草や木と戯れているような気になることもある。何とも不思議な充足感の味わえる時間である。あんな状況に入り込んで、ただひたすらに草をむしっているのだろうか。そんなことを思うのである。

毎日毎日、草をむしっている、畑を耕している、何もしなくとも草や木の多い屋敷に囲まれていると、きっとそこにピッタリと入り込んで安堵してしまうような自分になってしまうに違いない。字の人たち、特にお年寄りたちは納得のいく人生を送っている。と、私はそんなふうに思うのである。

私の半生

シニアーたちのような納得の生き方にはそんなに簡単に到達できるものではない。特に若いときには不可能である。今もって私自身はそういう状況には到っていないのだが、それでも少しはそれに近づきつつあるのかもしれない。若いときはそんなものとは逆方向に進むのだが、いつの間にか少しずつそちらへ進むらしい。田舎の人間がどんな一生を送るのか、その一端を知ってもらうために、私のケースを少し書かせていただこう。私の場合は若い時字から出て、字のことなど長く忘れていた。そして、やっと六〇歳になって字に帰った。ここではまず、六〇歳までの私の半生を紹介してみたい。

（小学校時代）

残念ながら小学校の頃の記憶は大変少ない。特に同級生との思い出はほとんどない。最近になって同年会に出るようになって、同級生たちが当時の思い出を何やかや話すのが羨ましい。そんなことがあったのか、という感じで、少なからぬ疎外感を覚える。

多分、私の家が非農家で、周りの家とは違った生活をしていたということとも関係していると思う。同級生もそうだったが、周りの大人が差別していたからこうなっていたのである。それにもっと悪いことには、私はいわゆる勉強が少しできた。加えて気が弱かった。きっと、同級生も大人たちも、私をそっと、別のところに置いておいた方が都合よかったし、私もそうされ易かったのである。

そんなことがあってだろうか、私は年子の弟との思い出は大変多い。父が二人に鎧と甲を付けさせて、毎朝剣道をさせた。弟はまだ小学校に入る前からやっていた。体の弱かった弟は武具をつけるとそれだけでヨロヨロしていたから私とは勝負にならなかった。それでも毎朝やっていた。門口を出たところのほんの小さい庭でやった。野洲川の堤防に走りに行くこともあった。これもほぼ日課だった。

写真28●字ではどの家も大なり小なり自分の資産を持っていて，ゆったりと暮している．屋敷地があり，田畑があり，お墓がある．屋敷の手入れは大変だが楽しみでもある．写真は40年ほど前の私の家．今は家の前の水田は畑になっていて，そこで私自身草抜きをしたりしている．納得の人生の見習いをしているのである．

私は魚釣りが無性に好きだったから、よく釣りに行った。堤防から竹を取ってきて釣竿にし、畑でミミズを探して法竜川に行った。梅雨時には毎日モロコのアホマチに行った。小さいタモを受けていると勝手に入ったのである。二、三時間もやっているとバケツに三分の一ぐらいはとれた。とにかく、年子の弘とはいっぱい遊んで、喧嘩もした。下に妹と弟がいたがあまり遊ばなかった。年が離れ過ぎていたからである。

小学校の思い出はよくないことの方が多い。喧嘩をして相手が鼻血を出したことを覚えている。体力的にはそんなに弱くなかったから、やられることは少なかった。強い奴とは喧嘩しなかった。四年生のときにエッチな文章を回して、見つかり、ひどい目にあった。先生がそれを読み上げ、その日一日中、女子の教室に立たされたのだ。家へは手紙を持って帰らされた。あれはその後、トラウマになった。小学校はあまり気持ちのよいところではなくなった。

(中学・高校時代)

私は旧制中学の最後の学生である。私の一年下の人たちは皆、新制中学に行った。旧制の中等学校(今の高校程度にあたる)に行ったのは字で二人だった。私は膳所中学というところに行き、もう一人は商業学校に行った。学校は大津にあったので汽車で行ったのだが、何故か毎朝六時一二分の汽車で行っていた。朝早く着くものだから、運動場で遊んでいた。たいてい、竹竿のバットで野球をしてい

写真29●中学までの写真はほとんどない．あの頃は田舎で貧乏で写真をとる余裕などなかったのだ．高校・大学時代の写真も少ない．脇目もふらずに走っていて写真をとる暇がなかったのだろうか．それとも思い出を残すなど考えてもいなかったからだろうか．ここに載せたものは偶然，高校の卒業アルバムに載っていたもの．右端が私．

た。グローブなどなかった。

中学に通い始めると、すぐ自分の家が大変な貧乏であることに気がついた。それと、町の子との文化的較差をきわめて強く感じた。一番それを強く感じたのは、友人がベートーベンだのブラームスだのいうときだった。字にはクラッシックを聞くなどという機会は全くなかったし、そんな雰囲気もなかった。私は自分がひどく低劣な人間のように思えた。何とかして音楽を聴かねばならない。絶対、自分のラジオを持つ必要がある、ラジオさえ作れば音楽の番組を欠かさず聴けばよい。私はラジオを組み立てることを考えた。が、これは成功しなかった。やっぱりお金がなかったのだ。

勉強の方はそこそこできた。特に数学は得意だった。しかし、潤ちゃんには全く歯がたたなかった。これは本当の天才だった。ふつうの数学などとっくに卒業していて量子力学などという本を読んでいた。そればかりか、大変な詩人だった。「マンモスの詩」などと題して、自分がマンモスだった頃の長編の叙事詩を作っていた。それに、人妻に恋しているといって、その人のことをよく詠っていた。大変な才能だったが、気違いのようなところもあった。頭が大変大きくて硬かった。朝行くと、よく相撲をとろうと言った。潤ちゃんは必ず私の腹をめがけて頭から突っ込んできた。押し出されないと、私の方が勝った。この人に出会って、世の中には本当に凄い奴がいる、とうてい太刀打ちできない、と心の底から思った。

中学時代はカルチャーショックの連続だった。この中学は途中で新制に変わったので、女学校から女の学生が多くやって来た。これが大きな出来事だった。しかし、私は女の学生とはあまり親しく付き合えなかった。私は皮膚が荒れていて、いつも赤い顔をしていて、それが大きな引け目だったし、先の小学校時代にできたトラウマが強烈に利いていたからである。

高等学校に行く頃には町の文化にもかなり慣れた。ただ、ここでは新任の女の先生に強烈な憧れを抱いてしまった。その先生がギリシャ神話の話をすると、私もギリシャ神話を読んだ。あるとき、その先生が「マルタン・デュ・ガールの『チボー家の人々』がいいよ。ジャックがいい」と言った。私はすぐにそれを読んで、ジャックのように生きようと思った。革命を目指していたジャックは飛行機事故で死んでしまうのである。

三年生の中頃だったと思う。その先生が「高谷君は実力はあるのよ。きっとどこでも入れるよ」と言った。私は当時、少し不良ぶっていて成績はよくなかった。ところがそう言われていっぺんに、「よしやってやろうじゃないか」という気になった。とにかく一番難しいところに入ってみる。先生に「やっぱりあなたは実力があったのよ」と言ってもらうためだけに、京大の電気工学科を受けた。当時、ここは京大の中でも難しかったのである。勉強ばかりしていると馬鹿にされるのが分っていたから、さかんに小説なども読んだ。その頃から少しずつニイチェなども読むようになった。急速に自分が変わっていくのを自分でも実感していた。

（大学時代）

大学に入ると、すぐにいくつものクラブに入った。尺八、馬術、自動車、等々に首を突っ込んだ。しかし、これらはすぐに辞めた。そして、山岳部と共産党が残った。非常に奇妙な組み合わせに見えるかもしれないが、本人は真剣だった。山岳部は危険なものだと分っていた。それに金がかかるものでもあった。だが、貴族趣味と気風の良さが大変な魅力だった。共産党の方は全く別だった。もっと屈折していて息苦しそうだった。だが、ジャックがそこにいるようで大きな魅力だった。私はしばらく迷ったが、割合簡単に山岳部の方に入ってしまった。

山岳部では私は重宝がられた。同学年では一番体力があり、バランスがよく、岩登りなどもうまかったからである。それに、素直にこまめに動いたから、ハチという渾名をつけられて可愛がられた。忠犬ハチ公のハチである。いささか屈辱的な名だったが仕方なかった。三年生のときにはヒマラヤ遠征の練習をするということで、北アルプスの毛勝・猫又山で大がかりな練習をした。そのとき、私はサミットハンターに指名された。言い過ぎかもしれないが、私は自分がサミットハンターに選ばれるのは当然だと思っていた。考えてみると三年のうちに、この貴族趣味的なクラブの中でいいポジションを得るまでになっていたのである。

しかし、私はどうも最初から分裂的だった。一年生のときに新人歓迎山行きに参加したときのことをはっきりと覚えている。河原でキャンプファイヤーを囲んで狂乱的な酒宴をやり、私も大騒ぎをしていたのだが、はっきりと二人の私がいた。大騒ぎをしている私と、それを冷淡に見ている私である。こういう状況はその後も繰り返し起こって、私はその都度、嫌な思いをしていた。

その後、私は山岳部を辞めてしまった。表面に出ていたのは登山哲学の違いみたいなものだった。当時の京大山岳部は古武士の登山のような風があって、独特の禁欲主義があった。エベレスト初登頂に関しても、私は「ヘリコプターでも飛行機でも、何を使ってもいい、とにかく最初に登った者が勝ちだ」と主張していたが、それは受け入れられなかった。そんなのは汚いというのである。表面的にはこういう論争じみたものがあったのだが、本当の理由は分裂していた自分自身が嫌になって、私は団体行動から外れていったのである。四年生になると、私は正式に退部し、単独登山や単独旅行をするようになった。

こういう行動は多分、私の当時の読書と軌を一にしていた。高校の終わり頃に始まった読書はその後、ドストエフスキー、サルトル、ジイド、ヤスパースなどと続いていった。そして最後にはキェルケゴールだった。同級だった女性がこれを研究していたので私も買って読んだのである。その全集は灰色でザラザラしていて、落とし紙そっくりだったが、それを読んだ。日本のものでは太宰治が一番よく分った。最後は分からないのを無理して九鬼周三を読んだ。

私が山岳部を辞めてしばらくすると、数名が山岳部を辞めた。ヒマラヤ行きをどう考えるかで意見が一致しなかったらしい。この人たちは自分たちだけでヒマラヤに行こうと考えて新しいクラブを作った。それが探検部である。日本で最初の探検部だった。賛同して集まったのは一〇人ほどだった。本多勝一が中心だったが、私は学年が一番上ということで担がれて初代プレジデントにならされた。あまり居心地はよくなかった。

探検部に集まった連中は全員ヒマラヤ行きを考えていたが、私はもうヒマラヤには情熱を無くしていた。むしろ、砂漠に行きたいと思っていた。「とにかく、死の砂漠に一本でもいい、木を植えてみたい。そして、自分の存在を確認してみたい」などと考えていた。しかし、たった一人のこの計画は探検部では入れられなかった。私は、中近東調査研究部という新しいクラブを作って、とにかくイランに行くことになった。いろいろいきさつがあったのだが、当時、人文科学研究所におられた岩村忍先生のおかげでイランへ行けることになった。いざ行くとなると、二人の探検部員も参加してきて、三人で行った。

イラン旅行をしたのは五年生のときだった。大学に入ってから丸四年間は本当に忙しかった。しょっちゅう山に行っていたので家へ帰ることはほとんどなかった。もっとも、京都に下宿をしていたので実家に帰ることは本当に少なかったのである。あるとき、家に帰ると父が神棚にお燈明をあげていた。怪訝な顔をすると母が「好一が山に行ってるときだけはあげてはるの」といった。ショックだった。こうしてほとんど家には近づかなかったが、イランに出発するときには父と母が二人で相生港まで見送りに来てくれた。出光石油のタンカーに乗せてもらって行ったのだが、そのタンカーが相生港から出たので相生まで来たのである。帰国すると家を開放してスライド会をした。近所や親戚の人が大勢来た。私自身は自分の家で近所の人に見てもらうというより、何か田舎に呼ばれた講師のような気分だった。大学の四年間の間にすっかり私は字を離れてしまい、まちの人間になってしまっていたのである。

家や字が遠くになったのは、山行きなどに忙しくて帰らなくなったという物理的な理由だけではなかったようである。あの頃、私は活発に動いていたのとは裏腹に、どんどん一人ぽっちになっていっていた。本の読み過ぎのせいだった可能性が大きい。ほんのしばらくだったが叡山に入ったりしたのもその頃だった。どうせ一人なのだという気持ちが、故郷を限りなく遠いもの、おぞましいものにさえしていた。

イランから帰ると不思議な脱力感に襲われた。何をしていいのか全く分からなかった。すでに私は四年間、電気工学科に在席した後、そこを放り出されていた。しかし助けてくれる人たちがいて、理学部の地質学科にいた。地質学を勉強していた訳ではなかったが、五年生、六年生を地質学科で過ごし、その間にイランに行ったのである。そして帰国して、脱力状態のまま地質学科の大学院に進学していった。

（大学院時代）

大学院時代に関しては冷たくて侘しい感じしか残っていない。大学時代の六年間は躁うつ病的だったのだろうか。思い切り落ち込んで苦しいこともあったが、はりのある時期もあった。しかし、大学院時代は全体に低調が続いて、何をしていたか分からない。探検部の方にも顔を出さなくなった。本もあまり読まなくなった。行き場がないから地質学教室に行っているという感じだった。

そのうち、大阪市大の市原実先生に出会った。先生は若い助教授だったがその業績の巨大さで、すでに神様的存在だった。しかし、異常に厳格だったので誰も弟子になっていなかった。ただ私はどうした御縁があったのか、先生の後をくっついて歩くことになった。大学院生とはいえ地質学を全く知らない私だったが、先生はお供を許して下さった。折りたたみ自転車を買い与えていただき、オートバイで走られる先生の後をついて回った。たぶん、何もする気の起こらないときだったからそんなことをしていたのだろう。大阪平野周辺の丘陵地帯を来る日も来る日も歩き回った。

大学院は五年である。最初の二年間は大阪平野だったが、次の三年間は近江盆地、それから伊賀上野や名張のあたりも歩いた。歩くことだけは猛烈に歩いた。五年間で四〇〇日以上は歩いていたと思う。しかし、ちっとも面白くならなかった。市原先生が食い入るように地層を見た後で何か言われると、アッそうか、そういう風に見るのかと思わせられることは何十回もあったけれども、自分からは何も新しいことは発見できなかった。ただひたすらに歩き回り、機械的に地層の記載をしているだけだった。先生からは何度も叱られた。「君は性根を据えていないからいけません！」いつもそう言われた。性根はついに据えられなかった。それでも、五年目の最後には博士論文をまとめ、いわば逃げるように教室を出て行った。論文が通ったのは怖い市原先生の指導を受けていたという理由によるものだったのだと思う。

暗くて冷たい大学院時代に私は後に結婚することになるよね子と付き合うようになった。こちらの方もあまり明るいものではなかった。

（コンサルタント時代）

市原先生に、「性根を入れなさい」と言われ続けていたのは理由があった。またいつの頃からか、外国で暮らすことを夢みるようになっていた。そんなことを先生にいうといつも叱られていたのである。だがこのときの「外国で暮らす」は学生時代のそれとは違っていた。学生時代のそれは一番乗りをするとか、死の砂漠に緑を、といった張りのあるものだったが、今回のそれは違った。ホテル住まいのエンジニアになることを考えていた。部屋は真白の壁だけで何もない、知人もいない。そんな状況が一番幸福だと思っていた。

博士論文を提出すると、すぐに私はあるコンサルタントに当ってみた。しかし、ここには断られた。それで、別のコンサルタントに入社した。給与などの条件は学部卒と同じだった。すぐに現場に出た。

東京オリンピックの直前で、仕事はいっぱいあった。私は東名高速道路の工事現場をかけ持ちした。ボーリング調査をする現場の現場監督である。昼は工事現場で、夜は酒とマージャンばかりだった。現場は面白いようにこなせた。そのうち営業の連中とも仲良くなり、営業にも付き合った。私は会社の儲け頭の一人ではなかったかと思う。

しかし、やがてトラブルが起こった。海外進出を巡って社内の意見が分かれ、推進派の私は会社を去ることになった。会社を去ると、すぐにＡＡ企業という自分の会社を作った。これは正式な法人登録をしていないモグリの会社だったが、仕事はあった。高円寺に部屋を借りて事務所とした。一緒にやろうという人が二人いた。私たちは金が儲かったら、ネパールの農業開発に乗り出そうと話していた。しかし、この会社はうまくいかなかった。仕事はできるのだが、お金がとれなかったのである。やがて失業して事務所をたたんだ。

コンサルタントにいる間に結婚した。しかし、結婚式は代父、代母だけで両親は出席しなかった。別に両親はこの結婚には反対ではなかったのだが、私たちの考えでこういう式にしたのである。代父、代母というのは結婚式の直前に私たちはカトリックの洗礼を受けたのでその代父、代母が参列して下さったのである。カトリックになるというのはよね子の強い希望で、私は押し切られて洗礼を受けた。父などは耶蘇といってキリスト教を嫌っていた。そんなこともあり、結婚のことは両親には言わなかったのである。田舎の長男の結婚式としてはきわめて異例のことである。両親たちは隣近所や親戚に顔向けできなかったに違いない。

失業してからは万事が調子悪くなった。八王子の桑畑の中の一軒家によね子とよね子の母と三人で暮らしたが、文字通り食う物を確保するのに苦労した。義母はよくパンの耳を買いに行った。そのうち長男が誕生した。精神的にもかんばしくなく、楽しい新婚家庭というのとはおよそ違っていた。故郷に息子を見せに帰るなどということも全く思いもよらなかった。この頃、故郷は非常に遠いものだった。

(京大東南アジア研究センター)

ネパールに農業開発に行くということを考えていたから、いろいろなところで情報を集めていた。そんなとき、京大で東南アジア研究センターという新しい組織ができたと聞いたので、そこにも出かけた。政府主導の大型援助が盛んだった頃だが、それに対する批判も出ていた。京大を訪れた私は自分で小型援助をやってみたいと思うのだ、と計画を述べてみた。だが、それは全く相手にされなかった。何もかも自分でやるというのは無理だ、政府の後盾がないと潰れてしまう、という忠告だった。私はがっかりして帰った。

その後しばらくして、また京大に行った。そのときは岩村忍先生にお目にかかれた。そのときは何も話はなかったが、しばらくしてから人づてに、センターの研究生になったらどうかというお誘いがあった。すでに書いた通りである。私はもう相当窮していたから、これに従うことにした。八王子から京都に移らねばならない。全くお金のなかった私は、よね子の親戚の経営する文化住宅に入れてもらうことにした。二部屋しかなかったが、そこに四人が入った。夜中には子供を踏みつけないように注意した。

昨日まで土木工事の現場回りばかりしていた私である。何年かぶりで大学に戻ったのだが、意外に違和感はなかった。理由はこの研究センターが全く新しい組織で、それに何をどうやればよいか誰も分からないような乱戦状態だったからである。それにもっと直接的に私を心強くしてくれたのは石井米雄さんの存在だった。この人は早稲田の電気工学か何かを中退し東京外国語大学に再入学、さらに紆余曲折の後、外務省のノンキャリ役人になっていた人である。それが抜擢されて、この研究センターの助教授になっていたのである。この人が私に特別に目をかけてくれた。きっと、どさ回りをしてきた私に同病相憐れむというところがあったに違いない。私は三つ年上のこの人に兄のような気持ちを持った。

研究生になったその年、一九六六年、私ははじめてタイに行った。名目はメコン川流域の鉄鉱床調査ということになっていたが、実際にはメナムデルタの第四紀層を調べるためにチュラロンコン大学に席を置いたのである。これ以後のことはすでに書いた。そして地質調査から稲作の研究へ移っていった。さらに地域研究へと進んでいき、やがてそれにのめりこむことになった。

研究に没頭していた頃のことはすでに第二章で書いたが、そのときに起こった出来事の一つを書いておこう。真夜中、研究室に電話がかかってきて、よね子が「お腹が痛い」と言った。陣痛が始まったのである。私は大急ぎで宇治までの道を飛ばして帰った。そして大急ぎで病院まで連れて行ったのだが、その途中で大変まずいことが起こった。

考えてみると研究センターにいた二十数年のうち二〇年近くは自分中心でやりたい放題だった。家庭のことも故郷のこともほとんど省みる暇がなかった。そして、五五歳ぐらいになってから、やっと田舎の両親のことが気になりだした。

字に帰った私

京大を辞め、滋賀県立大学に移って、いよいよ教壇に立つようになったとき、「地域を大事にしましょう。何故なら誰もが皆、自分の地域に誇りをもっているのですから」と、私はどうしても言えなかった。それは、右に述べた私自身の三〇年間の経歴を見ていただければ少しは分かってもらえるかと思う。地域研究をやっていたとき、地域は研究対象でしかなく、それはただひたすらに美しかった。だが、ひとたび自分の住むべきところとなったとき、それは違った。重苦しく厭わしくさえあり、そこからは逃げてばかりいた。こんなことが現実に起こっていたのだから、いくら何でも、教壇に立ったとき、白々しく理論だけを述べることはできなかったのである。この日から、針の筵が始まった。

あのときから今まで、約一〇年が過ぎたのだが、その一〇年を簡単に振り返ってみたい。

字への帰還の足掛りになったのは同年会だった。県立大学へ転出する数年前から私は字への復帰の準備をしていた。父が体調を崩したから、時々帰って看病の真似事のようなことをしていた。しかし、これは三〇年のブランクの後のこととて、おずおずと、周りにはあまり知られないような格好でやっていた。そんなとき、今年も夏の同年会をやるから出席するように、という連絡が入った。それまでも必ず連絡はあったのである。だが、母が一存で断っていた。外国に調査に行っているから、などと言って断っていたのである。だがこのときは「同年会があるようや。久しぶりに出席したら」といってくれた。私は、これは復帰のチャンスになるかもしれないと思って、覚悟を決めて出席した。

同年会というのは小学時代の同級生が集まって、近くの料理屋で一杯やるのである。夏と冬の年二回やっている。字に住む男性の一〇人が酒を酌み交わして、ごくごくふつうの話をするだけである。少なからず緊張して出席した私だったが、何でもなかった。「よう帰ってきた。少しは暇になったのか?」といった調子だった。私は掛け値なしに同年っていいな、この連中が自分にとっては一番大事な人たちだと思った。

やがて、私は一人で字に帰ることになった。父の病がさらにひどくなったからである。家族は宇治に残った。その頃から、家での報恩講を自分でやるようになった。ただはじめてのことばかりで汗だくだった。いつ蝋燭に火を点すのか、いつ御縁さんにお茶を出すのか、お参りいただいた人たちにどう挨拶するのか。隣の正一さんに逐一教わりながらやった。進行具合を覚えるために近所の家の報恩講にもお参りした。

そのうち父が死んだ。これは私の字への帰還にとっての大きな節目になった。父が死んだと分かると、すぐに同年の連中とオモシンルイが集まってくれた。そして、葬儀本部を作り、テキパキと仕事を進めていった。葬儀は丸二日続いた。その間、ずっと忙しいばかりではない。むしろ、多くの人はただ談笑しているだけである。だが、こんなことをしているうちに、ああ葬儀ってこんなことか、こんなにして皆で故人を送ることなのか、葬儀ってやっぱり意味があるのだなと思わせられたのである。すでに前章で述べた通りである。私はこれを機会に多くの人たちに思い切り世話になり、これを機縁に字への帰還がぐっと前進した。

父が死んでしばらくしてから、私は家を建て替えた。妹の同級生で、同じ村に住む大工さんに建ててもらった。近くの神主さんが地鎮祭をしてくれた。建て前の日にコーン、コーンと槌の音が鳴り響くと、字の人たちが祝儀を持ってやって来てくれた。何だか字中に自分の帰還を宣言しているような気がした。まだ、字には完全に受け入れられているとは思えない。しかし、少しずつ垣根を取り外してもらっている感じであった。何年かすると、今度は檀家の総代の役が回ってきた。年齢がそういうところになってしまったので、この役が回ってきたのである。別に信仰心が強い訳ではないが、最低限の役目だけは果たしたいと思って精一杯やっている。

以上がこの一〇年の経過の大略である。一〇年前、字に帰った直後は字にいること自体にピリピリしていた。前科者という言葉がどうしても脳裏から離れなかった。四面楚歌という感じさえしていた。しかし、今はだいぶそれが和らいだ。これでいいのか悪いのか分からないが、それが現実である。

字を見る

字は私にとってトラウマ的なものになってしまっていた。それは多分、私があまりにもそれを無視し続けてきた結果の反作用である。無視し続けてきたということに気がついた直後の衝撃は激烈であった。その衝撃は強烈で、それ以降トラウマとして残っているのだが、それが最近だいぶ軽くなった。軽くなって今、字が少しずつ見え出している。自分は字にだけ住んでいるのではなく、二四時間のうちには字以外のところにも住んでいるというきわめて当たり前のことが、やっと分かってきた。昼間は大学にいる。たいていはゼミの学生と一緒にいる。一週間に一度は下之郷の勉強会に行く。こういうところでは字とは別の生活がある。こういう当たり前のことが分かってきたのである。

すでに述べたように、ゼミでは結局学生から教えられた。「先生、捉われ過ぎている。もっと自由に生きなさいよ」そう言われた。彼等が自由奔放に生きているのを見ていると、それは本当に美しく見えたし、また羨ましかった。彼等のように自由に生きなきゃ嘘だ。そうしないと仲間に入れてもらえない。何回も何回もそう思った。頑なさと綱引きした結果、結局、学生たちの軍門に下ったのである。彼等によって癒されたといってもよいのかもしれない。

下之郷の勉強会に関してはこんなことがいえる。最初、私は自分の字の開発ではなく、わざわざ守山に家を借りることに拘っていた。地元で仕事をやるんなら、本当の地元、自分の字開発でやるべきではないか。と、そんなことを気にしていたのである。しかし、仕方がなかった。下之郷遺跡の仕事をしようとしているのだ、開発にいたのでは仕事にならない。そう思って守山に家を借りたのである。

恥ずかしいことだが、字に帰還した当時の私は少し変だったのかもしれない。字に生きるということをあまりにも厳格に考え過ぎていたらしい。大学に出る以外は家にいて、田と畑を耕して生きるのだ。そうしなければ字に住んでいるとはいえない。と、そう思っていたのである。私はほんの一〇アールだが水田を持っている。畑も少しはある。それを耕して、いわば蟄居のような生活を考えていたのである。ただ、一〇アールだと大型の機械などとうてい持てない。面積が小さ過ぎるのである。さりとて鋤で耕す馬力もなかった。手押しの耕耘機と二条植えの田植え機がないかと探し回った。しかしそんなものはどこにも売っていなかった。こうして、ずるずると、田は人に作ってもらい続けたのである。そして、畑だけは何とか作った。そんな原理主義的ともいえる字中心主義も結局は下之郷遺跡の出現で少しはゆるみ、現在の状況になっているのである。

字は小さいものだから、そこで生活の全てを全うすることはできない。こんな分かりきったことが、字へ帰った当初は分からなかったのである。字の社会学などを考えられるようになったのは、ごく最近になってからのことである。

存続させたい字

こんなに住むのに難しい字、問題の多い字だけれど、字は存続させたいと思う。理由は二つある。一つはこれが無くなってしまうと、私の存在そのものが消されてしまうからである。第二の理由はこれは素晴らしい文化の塊だからである。完璧な微小宇宙だといってもよい。

微小宇宙ということだが、これは水田に囲まれて、しっかり纏まった塊村を作っている。そこにはお宮とお寺があり、それを中心に家々がある。家はふつうはちょっとした屋敷地を持ち、座敷に座れば植え込みが楽しめる。ゆったりとした時間の持てる空間がここにはある。字はまた長い歴史の中で作られたものだから、そこにはいろいろな物語がある。お宮から南東に伸びている小道は今はほんの半メートルほどの幅だが、昔はお伊勢参りの人たちが列をなして通って行った道だ、とか。その道が横切っている溝、これも今はほんのひとまたぎのものになったが、昔は田舟が琵琶湖から上がってきていたのだ、とか。あの一角は昔は○○屋敷といって侍が住んでいたとか。等々の物語がいっぱいあって、なんだか嬉しく、いとおしいのである。そういうところに相互扶助や相互監視の網の目の張り巡らされた社会がちゃんとできている。人々はその中で、苦しさ半分、楽しさ半分で生きている。苦しさ半分、楽しさ半分だけれど、結局それに納得して住んでいる。こういうところを私は、微小宇

写真30●私の同年の面々．私（前列右端）を含めて7人が生れ故郷の字に今も住んでいる．年2回行なう同年会には字を出ている3人も帰ってくる．同年はオモシンルイや檀家とはまた違った大事なものである．やんちゃな小学生時代一緒だったから年をとっても仲良くやっていこうという仲間である．どの一人が欠けても大変淋しい気持になる．

宙というのである。これは、今の地球上ではそうどこにでもざらにあるというものではない。実に貴重な存在なのである。こういうものは残さなくてはいけない。と、そう思うのである。

私個人の存在を主張するためにも、字は残したいと今は思っている。若いときにはあんなに無視し続け、嫌でさえあった字だが今は違う。字は私の先祖が住み続けてきた地であり、両親も住んできた土地である。私もそこで住みたいと思う。こういうように先祖と私自身が出てきた土地だから、残したいのである。

家系というものは不思議なものだ。家系というのはそれ自体がまるで一個の生き物で、それ自体で生き続けようとする力を持っているようだ。最近、私はそんなふうにさえ感じ出している。この生き物はいくつもの節からなっていて、一つの区切りは次の区切りに繋がり、そしてまた次の区切りに繋がっていく。そうして、過去から未来に生き続けている。私自身も大きな力によって一節にさせられている。自分の意思ではどうにもならない力によって過去と未来の間の一節にさせられている。そんなふうに思うのである。

この一節というのはひょっとすると、私個人というより、夫婦という単位で一節なのかもしれない。こんなことも今迄考えたことがないのだが、そうなのかもしれない。正直いって、私は字にも妻にも反撥してきた。しかし、そんな反撥を飲み込む大波がやって来ているようである。

微小宇宙の字に住んでいる人たちは多くがそんなことで、巧まずしてその家系を存続させ、微小宇宙を存続させているのではなかろうか。この微小宇宙の中には、だから何本もの生命の樹みたいなものが生えている。家系という生命の樹である。それを取り巻いて、年中行事や人々の約束事や、風景がそこにある。字はどうやらそんなものらしい。

字がもしそんなものだとしたら、字が存続するためには、そんな外装のなかで、一体何が最低限必要なのだろう。それがなくなってしまえば、生命の樹そのものが危なくなるようなミニマムの外装とは何なのだろう。詰めた議論はできないが、私の直感では、家・屋敷と集落と墓という塊であるような気がしてならない。檀家組織があれば、それはもっと完璧であるようにも思う。

私は多分、リレーランナーのようなものだ。若いときは先代が走っていたので、私は知らぬ顔をしていた。余所で遊びまくっていた。ところが、最近になってやっと順番が回ってきて、今はバトンを持って走っている。しかし、次の代が走り出したらきっと私は引退するのだろう。そしてまた、自由な生活に入る。そんな気がしてならない。こんなことをいってしまうと、ヒンドゥたちのいう四住期はやっぱり本当のように思えてくる。

あとがき

書き終えて、自分の言いたかったことは一応言えたようにも思うし、逆に全く言えていないようにも思う。将来もう一度書き直したいというのが本心である。

この本では京大時代やっていた地域研究と滋賀県立大に来て以降やった自分学を並べて書いた。考えてみると、地域研究は自分が見ていた地球世界の平面図であった。その平面図は自分を中心に広がっていた。自分学の方は縦軸だ。字という非常に小さい地域に原点を定めた時系列の自分の分析だ。この両方に触れ得たという意味で、言いたかったことは一応は言えたというふうに思うのである。しかし、この二つがこんなに分離してしか語られなかったのは不満な点である。もう一度書き直したいと思っているのはそういう点である。

昔、岩田慶治さんが、フンボルトの学問を評して、こんなことを言っておられた。彼は左右の目で別々のものを見ている。肉体と心といった全く違った二つのものを見ている。それは素晴らしいことだ。だが、その二つが一つの焦点を結ぶところまでいっていない。それが残念だ。岩田さんの言われた意味は別だったのかもしれないが、私は今、そのことを連想している。

世界と自分、先祖と自分、そういうものを一元的に語ろうとすると、もっともっといろいろなことを述べねばならない。知人のこと、家族のこと。しかし、これは至難の業である。自分が遊行期に入ったら、あるいはこういうことも少しはまともにできるのかもしれない。今はまだ、やがてはそれをやってみたいという気持ちを持っているだけである。

最後になったが、これの執筆を勧めて下さった編集者の鈴木哲也さんとタイプ打ちをして下さった滋賀県立大学の学生の嶋田奈穂子さんには、ありがとうございました、おかげで本になりました、とお礼を述べたい。それから、カバーには安土優さんの絵を使わせていただいた。これは私にとっては大変嬉しいことである。安土さんは県立大学時代の相棒で、二人で何回もそのあたりを歩きまわった。この人にも深い感謝の意を表したい。

私の自分学——跋にかえて

安土　優

十年前のあの頃はいら立ちの毎日だった。猛烈な忙しさで、自分の理想が遠ざかっていくようで気が変になりそうだったのである。短大の残務整理があるうえに新しい大学の仕事がいっぱいあった。それに加えて、美術家集団継承発展への仕事もあった。もちろん、自分の制作もやめるわけにはいかない。何やかやがいっしょくたになっていてもう最悪の状況だったのである。

そんな時、私は高谷さんにはじめて出会った。大学は目玉プロジェクトということで新入生の全員をひきつれた二泊三日のフィールド調査を企画していたが、高谷さんがその実行委員長に指名され、私も委員にさせられたのである。私の任務は嫌がる短大からの移籍組を説得してプロジェクトに参加させることだった。大変気の重い仕事だった。「安土さん、気軽にゆっくりやりましょうや」、諷論といってくれたのが高谷さんだった。助かった気がした。

馬があったのか、それからはよく一緒に歩きまわったりした。丹後半島あたりまで遠出をすることもあったが、授業のあき時間を利用して桜見をすることもあった。そんな時、たいてい私はスケッチをしたが、高谷さんはその近くでうたた寝をするかビールを飲んでいた。

年は私より高谷さんが五つ上である。しかし、定年はいっしょということが分った。それなら定年パーティーの引き出物に一緒に本を作ろうということになって、それからはより真目面に歩くようになった。こうして出したのが『二人の湖国』（二〇〇四・サンライズ出版）である。

大学をやめてからは一緒に歩く機会はほとんどなくなった。しかし、最近、突然「新しい本を出すのだけれど、そのカバーに君の〈風〉の絵を使わせてほしい」と電話がかかってきた。一時、私は風に凝っていて、一緒に歩いていた時、田を渡る風をよく描いていた。その一枚を使いたいというのである。もちろんO・Kである。高谷さんからは参考にということで、すぐに原稿が送ってきた。

京大時代の高谷さんが世界中を歩きまわっていたことはよく知っていた。県大に来てからはこんなことを考えていたのか、とその原稿を見て改めて思った。前歴は違うけれども案外似たようなことを考えていたのだな、ということも思った。

私は滋賀は本当に豊かで美しい所だと思っている。長い歴史の中でずっとそうだった。この湖国に生まれたことを幸せなことだと心の底から思っている。県大を退めて少しは時間的ゆとりの出来た今、あらためてこのことを思いなおし、今度こそそれをゆっくり描きたいと思っている。これが私の自分学というところだろうか。

引用文献

ルース・ベネディクト（長谷川松治訳）
1972『菊と刀』社会思想社
Pendleton, Robert L.
1963 Thailand, Aspect of Landscape and Life, New York
高谷好一・友杉孝
1972「東北タイにおける水田の三類型について」『アジア経済』一三―九：六六～七二
高谷好一・友杉孝
1972「東北タイの〝丘陵上の水田〟―特にその〝産米林〟の存在について」『東南アジア研究』一〇―一：七七～八五
高谷好一・友杉孝
1973「東北タイ丘陵地域の水文環境と水利用―Fai とSaの役割」『アジア経済』一四―三：七〇～七六
高谷好一・友杉孝
1974「浅層地下水に依存する東北タイの平原地域」『アジア経済』一五―二：七一～七七
高谷好一・友杉孝
1974「メコン氾濫原ぞいの水田」『アジア経済』一五―一一：六四～六八
Takaya, Y.
1973 Plant Height of Rice in Delta–A case study in the Chao Phraya Delta of Thailand『東南アジア研究』一一―二：

二六七～二七六
Hubbard, R. V.
1967　THE CANALS OF THE CHAO PHRAYA RIVER DELTA IN THAILAND University of Michigan
田辺繁治
1973「Chao Phraya デルタの運河開発に関する一考察、IとII」『東南アジア研究』一一―一：一四～四七と一一―二：一九一～二二二
高谷好一
1980「チャオプラヤデルタの開拓」『東南アジア研究』一七―四：六三三～六五七
高谷好一
1982『熱帯デルタの農業発展――メナム・デルタの研究』創文社
柳田国男
1970「海上の道」『定本柳田国男集』第一巻　筑摩書房、三―三四ページ
渡部忠世・生田滋
1982『南島の稲作文化』法政大学出版
渡部忠世（編）
1987『稲のアジア史』全三巻、小学館
高谷好一・前田成文・古川久雄
1981「スマトラの小区画水田」『農耕の技術』四：二五～四八
高谷好一
1990『米をどう捉えるのか』ＮＨＫブックス

石井米雄（編著）
1975『タイ国――ひとつの稲作社会』創文社
渡部忠世・桜井由躬雄（編）
1984『中国江南の稲作文化』日本放送出版協会
土屋健治
1994『インドネシア思想の系譜』勁草書房
高谷好一
1978「水田の景観学的分類試案」（渡部忠世編『東南アジア世界』創文社所収）
高谷好一
1989「新生態史観モデルを求めて」『中央公論』四月号
高谷好一
1993『新世界秩序を求めて』中公新書
海外学術調査に関する総合調査研究班
1989『東南アジアとアフリカ：地域間研究に向けて』アジア・アフリカ言語文化研究所
高谷好一（編著）
1999『〈地域間研究〉の試み』上・下　京都大学学術出版会
高谷好一
2001『新編〈世界単位〉から世界を見る』京都大学学術出版会
安土優・高谷好一
2004『二人の湖国』サンライズ出版

日高敏隆・竹内久美子
2000『もっと嘘を』文芸春秋社
上田洋平
2001『感性の地域学』滋賀県立大学人間文化学部修士論文
川喜田二郎
1986『KJ法――渾沌をして語らしめる』中央公論新社
守山市教育委員会
2003『弥生のなりわいと琵琶湖――近江の稲作漁労民』サンライズ出版
石毛直道、ケネス・ラドル
1990『魚醤とナレズシの研究』岩波書店

関連読書案内

矢野暢（編集代表）
1993『講座　現代の地域研究』一～五巻　弘文堂
立本成文
1996『地域研究の問題と方法』京都大学学術出版会
高谷好一

2001『地球地域学序説』弘文堂
高谷好一
2002『多文明共存時代の農業』農山漁村文化協会
高谷好一
2004『地域学の構築』サンライズ出版

索　引

高谷　好一（たかや　よしかず）

聖泉大学教授，京都大学名誉教授，滋賀県立大学名誉教授．
1934（昭和9）年，滋賀県守山市に生まれる．1958年，京都大学理学部卒業．京都大学東南アジア研究センター助手，助教授を経て，1975年から京都大学東南アジア研究センター教授．1995年から2004年まで滋賀県立大学人間文化学部教授を務め，現在に至る．

【主な著書】
『熱帯デルタの農業発展』（創文社，1982），『東南アジアの自然と土地利用』（勁草書房，1985），『マングローブに生きる』（NHKブックス，1990），『新世界秩序を求めて』（中公新書，1993），『「世界単位」から世界を見る』（京都大学学術出版会，1996／新編 2001），『多文明世界の構図』（中公新書，1997），『地域間研究の試み（上・下）』（京都大学学術出版会，1999），『地球地域学序説』（弘文堂，2001），『地域学の構築』（サンライズ出版，2004），『二人の湖国』（サンライズ出版，2004）
他

［カバー絵／跋にかえて］
安土　　優（あづち　まさる）
滋賀県立大学名誉教授
1938（昭和13）年，滋賀県大津市に生まれる．1962年，京都市立美術大学卒業．滋賀県立短期大学講師，助教授，教授を経て，1995年より2004年まで滋賀県立大学人間文化学部教授を務め，現在に至る．

【主な著書】
『南山の石仏』（近江文化社，1985），『近江の山』（京都書院，1988），『二人の湖国』（サンライズ出版，2004）　他

学術選書

地域研究から自分学へ

学術選書 008

2006年2月15日　初版第一刷発行

著　　者…………高谷　好一
発 行 人…………本山　美彦
発 行 所…………京都大学学術出版会
京都市左京区吉田河原町 15-9
京大会館内（〒 606-8305）
電話（075）761-6182
FAX（075）761-6190
振替 01000-8-64677
HomePage http://www.kyoto-up.gr.jp

印刷・製本…………㈱クイックス東京
カバー絵…………安土　優
装　　幀…………鷺草デザイン事務所

ISBN　4-87698-808-0
定価はカバーに表示してあります